현대신서
122

시민 교육

파트리스 카니베즈

박주원 옮김

東 文 選

시민 교육

차 례

서 문

이 책의 제목 《시민 교육》은 우연히 지어진 게 아니다. 시민을 교육시킨다는 개념은 적어도 두 가지 이유에서 뭔가 부당하고 미심쩍은 느낌이 들기 때문이다. 우선 시민권이란 개념은 프랑스 대혁명과 제3공화국 시대 같은 영웅주의 시대, 즉 시민권이 정치적인 참여나 어떤 당에 대한 지지 및 의무에 대한 표현을 지녔던 신화 시대와 연결된다. 따라서 시민권의 개념은 일상 시기, 즉 일상의 노동이나 가족·친구 관계로 연결되는 사적인 관계들 안에서는 그 실체를 드러내지 않지만 이러한 '일상' 생활이 보류되는 시기, 즉 위기의 시대나 전쟁시 같은 전체 공동체에 위기 의식이 팽배해지는 시기에는 개인으로 하여금 자신이 한 국가의 일원이라는 사실을 상기시켜 준다. 이러한 상황에서 보면 시민권은 대혁명처럼 오히려 기념 대상으로 자리잡아야 할 것이다. 다시 말하면, 그것은 동 키쇼트의 주장대로 실제 의미를 찾는 것은 지나간 시대의 전쟁을 지휘하기 위해 전마에 올라타는 것으로, 우리 자신이 보기에는 우리들은 각자 **개인**(individu)일 뿐인 한 사회의 범속한 실체에 신화와 이상을 덧입히려는 의도에 속하는 것일 것이다.

그러나 위의 관념 또한 다음과 같은 이유로 부당하면서 미심쩍은 느낌이 들기는 매한가지이다. 국가는 각자의 삶 안에 이미 자리잡고 있는 한 권력의 조직체가 아닌가? 이에 우리들은 이러한 권력에 대해 항시 깨어 있는 비판 정신을 유지하면서 우리 자신의 자율성과 개개인간의 차이를 지킬 수는 없는 것인가? 또한 시민권에 대한 교육은 모든 민족주의가 비롯되는 것에서 국가 통합에 대한 개인의 자유의 희생은 없는 것일까?

국가가 익명성을 지닌 중립적인 권력 단체가 아니라고 간주한다면 이러한 질문은 다시 제기된다. 국가는 사람들에 의해 통치되고 이 통치자들은 다양한 이해 관계를 지니고 있다. 국가가 이러한 이해 관계에 부응하고 소수 계층의 사람들에게 다른 사람들에 대한 지배를 강화하도록 허락한다면 시민 교육은 속임수에 지나지 않을 것이다. 따라서 시민 교육은 대다수의 사람들에게 소수의 특권을 인정하게 하도록 이끄는 것에 다름 아닌 것이다.

이와 같은 시민 교육에 대한 비판적인 관점에 대해 시민 교육을 옹호하는 견해들 또한 팽팽히 맞서고 있다. 최근 수십 년 동안 지배해 온 혁명의 절대적 신념의 실추는 법치국가에 관한 관심을 유발한다. 헌법 준수를 기초로 한 이 법치국가는 반드시 가장 나쁜 체제를 규정짓는 것은 아니다. 즉 여전히 명확히 규정해야 할 숙제로 남아 있는 관점에서 민주주의는 내적으로나 외적으로나 그 체제를 위협하는 폭력에 대항하기 위한 공동체의 가장 효과적인 조직이라 할 수 있다. 국가 안에 소속된 삶은 이러한 투쟁에 참여하는 것으로서 간주될 수 있고, 이러한 참여는 반드시 거쳐야 하는 실천이 되는 것이다. 예를 들어 이러한 실천은 정부가 여러 과격주의 폭력에 반대하는 협상 해결책의 성공을 보장하기 위함이고, 동시에 이성적인 정치 토론의 토대를 마련하기 위한 대화자를 필요로 한다는 것을 나타낸다. 따라서 이러한 정치의 성공은 시민의 무관심 속에서는 이룰 수 없고, 오직 시민들의 활발한 지원에 달려 있게 되는 것이다. 또한 이러한 실천은 공동체가 정부의 독단적인 통치 행위에 대항해 권리의 개념을 지속시켜 나갈 수 있다.

이러한 실천은 특정 교육을 전제로 하기에 이 책에서는 이것에 대한 개념(idée)을 얻고자 시도할 것이다. 그러나 이 과정을 따르기 전에 본서에서는 실질적인 오해의 소지를 불러일으킬 수 있는 것, 즉 학교 체계에 대한 '학문적인' 서술이나 교육 실천에 대한 분석, 또한 해야 할 것을 규정하는 행위 과정에 대해 언급하지 않을 것이라는 것을 미리 밝혀둔다. 대신 시민 교육과 정치간의 있을 법한 결합 관계를 증명하는 것과 동시에 그 실체를 탐색하는 것에 주안점을 둘 것이다.

마지막으로, 본서의 특정 문제로 교육의 개념을 연결짓고자 하는 의도는 거기서 사회의 불평등이나 학업 실패를 증명하고자 하는 데 그 목적이 있고, 동시에 교육 체계의 다양성·불규칙성·모순을 부정하는 것에서 벗어나 제도나 체계와의 관련된 것이 아닌 **행위**(action)와 연결지어 문제를 제기하는 데 그 목적이 있다. 다시 말하면 교육 행위의 **의미**(sens)를 문제점으로 제기하는 데 그 목적이 있는 것이다.

I

시민권

　시민권은 한 국가의 구성원이라는 것을 규정해 주는 권리로서 개인에게 특정 권리와 의무가 수행되는 법적 지위를 제공해 준다. 이 세상에는 다양한 국가 형태와 다양한 종류의 시민 형태가 존재한다고 할 때, 이 지위는 각 국가의 고유한 법에 좌우된다고 할 수 있다. 그러나 시민권의 문제는 단지 법률상이나 헌법상의 문제로만 제기되지 않는다. 거기에는 무엇보다도 개인이 공동체에 통합되는 방법과 정치 권력과 개인간의 관계에서 제기되는 문제에 대해서는 열띤 논의가 이루어져야 한다. 이러한 문제점들을 시사적인 토론거리로 간주한다면, 개개인이 시민의 어떤 표상을 전해 주는 두 가지 개념이 끊임없이 표면으로 부상하게 된다: 첫번째 개념은 사회와 국가를 대립시키는 개념으로, 여기서는 사회에 영향을 미치고 사회의 외적 권리로 간주하는 국가 개념과 대립시켜 개인이나 공동체의 자유를 강조한다. 두번째는 국가의 전통과 정체성·연속성을 강조하는 개념으로, 시민권과 특히 시민권 획득은 어떤 생활 양식이나 사고 방식을 고수하는 것에 달려 있다는 것을 나타내는 개념이다.

1. 국가와 사회의 대립

일반적으로 이러한 대립은 국가의 행정적이고 관료적인 '기이한' 권력에 대하여 자발적이고 자유롭게 이루어지는 사회 생활의 여러 가지 문제들에 더 큰 가치를 부여하는 데 보편적으로 사용된다. 다시 말하면 사회를 통해 노동과 교환이라는 일상적인 관계에 의해 개인들 사이에 맺어진 개인 공동체를 의미하는 것이다. 여기서는 같은 도시나 직장에서 이루어진 밀접한 관계에서 비롯된 '인간적인' 면과, 개인들이 상호간 의존 관계를 형성하면서 종사하는 직업(상인·의사 등)의 연대성에 더 가치를 부여한다. 이렇게 볼 때 사회는 개인과 단체의 '수평적' 관계의 총체로서, 사회의 고유 구조는 공동체의 노동 조직과 사회 기능 조직으로 이루어져 있게 되는 것이다. 그러나 '수평적'이라는 형용사는 적절치 못하게 사용된 것이라 할 수 있다. 실제로 사회적인 기능들은 계급 양상을 띠고 있고, 개개인은 공평한 이득을 소유하지 못하며, 특히 생산·교환·소비 구조에 대해서도 평등한 권한을 가지고 있지 않기 때문이다.

국가는 사회보다 '우위'에 있는 권력으로 사회를 조직하고, 어떤 경우에는 사회를 변형시키는 것으로 인식된다. 여기서 두 가지 개념을 끌어낼 수 있는데, 하나는 국가를 사회 지배 계층을 위한 도구로 표현하는 개념이다. 이러한 관점에서 군·경찰·사법·교육 제도는 지배 계층의 권력에 합법성을 부여하면서 이들 계층의 권력을 강화하고 지속시키는 역할을 담당하고 있다. 이러한 개념은 마르크스의 사상에서 영향을 받은 것으로, 국가는 원칙적으로는 전체 이익의 옹호자이자 권리를 구현하는 상징이지만 실제로는 특정 계층의 이익을 위한 도구로 보는 개념이다. 두 번째는 국가를 '사회 통제' 도구로 보는 개념이다. 사회는 이론상 외부 권력이 개입됨 없이 완벽하게 독단적으로 조직될 수 있고, 사회 관계의 균형은 자연발생적으로 이루어진 자유 시도에서 비롯된다. 이때 국가는 단지 '게임 규칙'을 정해 주면 되는데, 다시 말하면 법적으로 소유권과 경쟁을 보장해 주는 것으로, 이것이 바로 자유주의 개념이다.

상호간 대립되는 정책에서 영향을 받은 위의 두 개념은, 그러나 몇 가지 주요 공통점을 지니고 있다. 위의 두 경우에서, 국가는 외적으로는 자연발생적으로 이루어진 사회 관계에 개입하는 '기구'(machine)——기기·도구로서의——가 된다. 여기서 보면, 완벽히 자유로운 사회는 국가 없는 사회가 될 것이다. 원칙적으로 사회는 자연발생적으로 자유가 형성되는 장소이다. 사회가 여전히 그런 식으로 형성되지 않았다는 것은 계층들간의 투쟁으로 분열되었다든지——그래서 이러한 투쟁은 종식되어야 한다——아니면 외부적인 위험이나 **반사회적 개인들**(les individus asociaux)로부터 사회를 지키기 위해 군인과 경찰이 여전히 필요하기 때문이다. 그러나 어쨌든 국가는 상호간 반목을 조성하고 개인들의 생산력과 창의성을 키우는 데 방해를 하고 있다고 의심받고 있다. 이러한 견지에서 국가는 잠정적이건 필연적이건 악은 악이다.

　여기서 두 가지 사항에 주목해야 한다: 첫째는 이 두 가지 이론들이 모두 현대 사회[1]를 특징짓는 가치들, 즉 노동과 효능, 기술과 과학의 발전에 중심 위치를 부여하고 있다는 점이다. 따라서 그 가치들이 개인에게 부여하는 기본 지위는 시민의 지위가 아니라 노동자와 생산자의 지위이고, 몇십 년 전부터는 이러한 지위에 소비자의 지위를 추가시켰다. 두번째는 이렇게 규정된 사회는 이론상 '국가' 경계를 무너뜨리고 있다는 점이다. 확실히 사람들은 일상적으로 '프랑스'나 '영국' 사회에 대해서 말하고, 이들 각 사회간의 특수성을 이루고 있는 것을 설명할 수도 있다. 하지만 현대 기술과 노동 방식, 국가 경제의 상호 의존성의 확장은 생산 조직과 교환 조직을 세계적인 조직 형태로 만들었다. 현재를 살고 있는 개개인은 경제 언어가 대다수의 사람들에게 이해될 수 없다 하더라도 유가 상승이 이 조직 총체 안에 영향을 미칠 거라는 것을 알고 있다. 그러한 사실은 우리 자신이 보아도 우리는 본질적으로 **시민들**(citoyens)이 아니라 우선 노동자들이고, 국가 범위를 벗어나는 한 사회의 상호 교환이 가능한 익명 구성원인 **개체들**(individus)이라는 것을 의미한다. 그러나 우리 자신을 위해 우리가 정체성과 특수성을 요구할 때, 우리는 이 사회를 가족이나 친구들간의 사적인 공동체나 또는 출신지 공동체, 관습과 문화 공동체인 제한적 지역 사회와 대립시킨다. 언어·지역 문화·**혈통 숭배**(le culte des origines)·'뿌리'(racines)에 관한 논의에 대한 관심이 되살아나는 것은 위의 사실을 분명히 보여 주고 있는 예이다. 이 때문에 시민권은 삶의 범위를 매우 넓게 정의하기도 하면서 매우 좁게 정의하는 것 같다. 즉 개개인의 삶이나 어떤 종류의 가치들과 밀접하게 연관된 공동체의 이상과 관련해서는 너무 광범위하고, 동시에 미디어가 일상적이고 구체적인 모습을 부여하는 이런 세계적인 사회와 관련해서는 지나치게 좁은 점이다.

그러므로 국가를 사회와 대립시켜 정의할 때는, 시민권의 개념은 점점 빈약해지는 경향이 있다. 자연발생성과 창조성이 사회적인 측면이라면, 국가가 필요악이라면, 시민권은 본질에서 벗어난 개념이며 더 나아가 시대에 뒤진 개념이 된다. 이러한 관점에서, 시민권은 개인에게 그에 따르는 부수적인 가치나 권위를 제공해 주지 않는다. 그것은 시민의 거의 대다수는 출생에 의해 국적을 이어받는다는 사실의 상황만을 확인시켜 줄 뿐이다. 물론 이렇게 이어받은 국적은 선거권과 국방 의무 같은 소홀히 할 수 없는 특수한 권리와 의무를 제공하지만, 이런 권리와 의무가 노동 생활처럼 일상적인 관례가 되는 것은 아니다.

2. 국가 정체성

공동체의 통합

국가를 이해하는 또 다른 방식으로는 국가 개념을 구체화시키는 것이다. 이런 맥락에서 한 나라의 근본을 이루고 있는 전통을

계승하고 과거에 일어났던 큰 사건들에 대한 참조는 국가 정체성
과 가치 의미를 부여해 주는 데 일조한다. 이러한 조건에서 사람
들은 노동자로서의 시민이 아니고, 생활 방식이나 사고 방식이
포함된 어떤 문화와 관련된 시민이 된다. 국가는 이러한 **정체성**
(identité), 즉 공동체의 독립과 연속성을 지켜나가야 되는 것이다.
　이러한 개념은 앞에서 언급한 것처럼 국가의 본질적인 면을 규
정하는 것이다. 그러나 이런 국가의 개념은 한 국가의 통합된 문
화와 정체성의 구체적인 정의에 대한 문제를 제기한다. 사실 시
민은 무엇인가라는 질문은 공통적으로 반드시 제기되어야 하는
것 아닌가? 시민은 하나의 관습——예를 들어 지중해 연안 사람
들과 플랑드르〔프랑스·벨기에·네덜란드인들이 혼용된 지역〕지
역 사람들의 관습은 프랑스의 관습과 매우 다르다——이나 종교
——모든 국가에는 소수 집단의 종교가 있다——나 언어——스
위스에는 네 가지 공식 언어가 있고, 미국에는 다양한 언어가 혼
용되고 있다는 것은 부인할 수 없는 사실이다——로 규정할 수는
없다. 마찬가지로 시민의 자발적이고 만장일치로 이루어진 의지
로 함께 모여 사는 게 아니다. 대부분의 경우에 있어서, 프랑스인
은 태어나면서부터 프랑스인이 된다. 다시 말하면 소수의 사람만
이 프랑스인이 되고, 거의 모든 사람은 자신들의 의지와는 상관
없이 프랑스인으로 정해지게 되어 있는 것이다. 이 사실은 마찬
가지로 대다수의 시민들에게 있어서 시민권도 요구한 사항이 아
니라는 사실을 의미한다. 즉 사람들이 어떤 사실에 한 의미를 부
여하고, 그 의미가 개인에서 개인으로 넘어가면서 다양한 모습을

보여 줄 수 있게 되는 것이다. 결국 정치 공동체는 실상 태생과 관습이 다르지만 함께 살고 있는 개인들을 모아 놓은 한 공동체에 지나지 않는다.

그러나 공동체가 시대에 따라 자신만의 고유한 모습을 지니고 있었다는 주장 또한 명백한 사실이다. 이 주장을 끝까지 밀고 나가려면, 한 민족의 '문화'는 자연적인 또는 타고난 사항이 아니라는 것을 살펴보아야 한다——한 가지 예로 프랑스 정신은 프랑크족이나 갈로로망족이나 켈트족에게서 이어받은 것이 아니다. 위의 가정을 받아들인다면, 이 세 민족의 '시조'(souches) 중 어느 민족에게 프랑스의 독창성을 결부시킬 수 있는가를 알아보기 위해 논쟁에 부쳐야 된다. 프랑스인들은 승리한 민족(프랑크족)이 갈로로망족에 흡수되고, 갈로로망족은 다시 게르만의 숲 등지에서 거주한 이민족과 켈트족에 의해 침략당한 것 등[2] 계속해서 파괴된 도시(아이네아스에 의해 로마풍 양식으로 건설된 도시)에서 달아난 트로이인들의 후손으로 정의되고 있는 것은 호메로스적인 격론을 불러일으키고 있다. 이처럼 기원의 **신화**(mythes)는 공동 사회에는 구성원들이 존재한다는 사실과 마찬가지로 정확히 그 한계를 피할 수 없게 된다. 적어도 이러한 공동 사회는 모든 정치 공동체처럼 본질적으로 '혼용'(composite)된다는 한 가지 사실을 의미한다.

이처럼 공동체가 혼용적이기 때문에 모든 정치 공동체는 바로 역사의 결과물이라 할 수 있다.[3] 공동체는 처음에는 우두머리——참주·군주·황제——의 권력 아래 형성된 개인들이 모여

이루어지다가 차츰 정치 공동체들이 영토를 병합하고——프랑스
에서는 카페 왕조가 업적을 달성했다——다양한 부족·씨족이나
이미 형성되어 있었던 공동체를 지배하면서 태동했다. 이렇게 함
께 어우러져 살고 있는 다양한 구성원들에게 제약을 가하는 방식
의 통치가 행해지고 군주의 권력이 모든 구성원이 균등하게 복종
하는 법의 권한으로 대치될 때 공동체는 한 국가로 조직되어 갔
다. 참주제 몰락 후 고대 그리스에 형성된 아테네 민주주의나 그
뒤를 이은 절대군주제가 몰락한 후 현대 국가의 민주주의가 출현
한 경우에서 국가의 형성 과정을 분명히 볼 수 있다. 국가는 이렇
게 법이 정치 공동체에게 부여하는 **형태**(forme), 다시 말해서 정치
공동체를 조직하고 그것에 고유성을 부과하는 제도가 되었다. 결
국 법(특히 헌법)과 가치 체계들은 전적으로 공동체의 다양한 구
성원들에 공유된 영역을 규정해 준다.

　그렇다고 해서 언어·종교·이데올로기·관습을 공유하는 것
이 민족 통합의 강력한 요인이 되는 것을 의미하지는 않는다. 그
러나 이러한 것들을 공유한 공동체가 국가와 시민 공동 생활의
시초를 이루지는 않았지만 바로 그 공동체에서 그러한 것이 **유래**
(résultat)된 것이라 할 수 있다. 일례로 기독교는 정치적 목적으로
클로비스가 교회와 동맹을 맺으면서 프랑크족에게 전파되었다.
1789년의 혁명 시대에 초안을 내고 제3공화국에서 체계적인 정
책 실행을 실시하면서 의무 교육으로 자리잡은 프랑스어는 한 정
책을 통해 프랑스인 전체에 강요되기에 이른다. 이데올로기는 프
랑스를 공화국으로 만든 공화제 가치에 관한 합의 사항이 아니

다. 또한 공화국은 제2제정의 붕괴 후 소수층의 속셈과 오해를
틈타 생겨난 불가피한 사건으로 인식된다.[4] 그리고 거의 대부분
의 프랑스인들이 공화주의자인 것은 공동체의 다양한 구성원들
이 서서히 혹은 뒤늦게 공화국에 가담한 것에서 그 연유를 찾아
볼 수 있다.

정치 공동체의 특성

정치 공동체는 두 가지 기본 요소로 특징지어진다: 첫째 특성은
시민들이 동일한 법의 권한과 한 개인과 가족이나 카스트(caste;
지배·피지배의 권력 관계가 개재하고 있는 사회 계급 구조)의 권위
를 인식하는 것이다. 권한은 우선 시민은 자유롭다는 것을 보편
적 원리로 인정하고 있는 법안에서 근원을 이루고 있다. 그것은
특히 시민은 그 누구에게도 복종하지 않는다는 것을 원칙으로 세
우고 있다. 즉 부득이 사법관이나 공무원이 명백히 법률상에 규
정된 임무를 수행하는 경우에만 명령에 복종하고 그 이외의 개인
에게는 복종하지 않는 것으로, 그 결과 법은 모든 사람에게 공평
하게 부과되기 때문에 모든 시민은 법 앞에서는 평등하다는 논리
가 형성된다.

정치 공동체의 두번째 기본 특징은, 공동체의 통합이 단일성이
나 한 가지 전통의 지배를 받아서 이루어지는 게 아니라는 점이
다. 공동체에 공존하는 다양한 전통과 연결되어 정치 공동체의
통일은 종종 갈등과 논쟁 관계의 형태에 연결되어 있다. 이러한

관계들——프랑스에서 있었던 종교 전쟁을 생각해 보자——은 종
종 폭력 관계가 되기도 한다. 그러나 **정치** 공동체는 분쟁을 해결
하는 방법으로 폭력을 거부한다는 것을 규정하든지, 긍정적으로
말한다면 다양한 분쟁을 해결하기 위한 방법으로 공공 토론을 채
택해 공동의 결정에 도달하는 것을 규정한다. 일찍이 고대 그리
스인들이 고안한 이러한 '토론 정치'[5]는 서구 문화를 구성하는
기본 특징의 하나가 되었다. 결국 토론 정치는 한 국가의 정체성
을 '논쟁하는 것'으로 자리잡게 하는 요인이 되었다. 국가의 통
합은 그 나라의 특징을 부여해 주는 이데올로기적이고 종교적이
고 도덕적인 특권이 서로 대립하고, 맞서고 타협하는 논쟁이 통
합되는 것을 의미하기에 이른다. 국가를 통일시키고 지속시키는
이러한 논쟁 스타일(또는 형식)이 국가의 특성으로 자리잡아 가게
되면서 다시 헌법의 중요성이 제기된다. 헌법은 단지 공동체를
구성하고 있는 다양한 구성원들간의 공동 생활 조건들을 규정하
는 것뿐만 아니라 구성원들과 그들의 대표(의회, 정당들간, 의회와
정부 사이에서 활동하는 사람 등) 사이의 논쟁 규칙을 규정하고,
모든 사람의 찬성을 얻은 결정을 획득하기 위해 완수해야 할 조
건들을 명시하고 있기 때문이다. 더 나아가 헌법은 어떻게 토론
이 진행되어야 하고 국가의 책임자——대통령 · 군주 · 수상 · 국
민 대표 등——가 어떤 방식으로 행동할 것인가에 대한 결정을
내리면서 임무를 완수할 것을 명시해 주고 있다.

　이러한 분석은 공동체의 다양한 전통들간에 힘의 관계가 존재
한다는 것을 인정하고, 어떤 전통들은 다른 것들을 지배하는 위

치에 있으면서 더 큰 중압감으로 짓누르고 있다는 것을 명시하고 있다. 그러나 이러한 지배조차 영원히 지속될 수 없다는 것은 기정사실이다. 여기서 의미하는 것은 다수의 전통과 소수의 전통은 여전히 논쟁으로 연결되어 있고, 지배에 찬성하건 반대하건 투쟁은 여전히 말(또는 글)로써 이루어지고 있다는 점이라 할 수 있다.

　위에서 장황하게 늘어놓은 두 가지 개념은 국가를 독특한 시각으로 인식한 것이다. 그 하나는 국가를 사회와 관련하여 인식하는 것으로, 즉 진보의 문제와 절대필요성, 생산과 교환 방식에 관련하여 인식하는 방법이다. 다른 하나는 국가를 전통과 역사에 관련하여 인식하는 방법으로, 이 국가 개념은 공통적으로 공동체에 통합되는 기본적인 양식을 강조하고 있다. 이러한 상황에서 한편으로, 시민은 노동자이며 소비자라는 사실은 부정할 수 없는 것이고, 그러한 사실은 고려되어야 하는 것이다. 현대 민주주의 특징 중의 하나도 고대 민주주의와 관련되어 있다는 것과 마찬가지 논리이다. 즉 고대 사회에서 노동자는 (교육의 부족과 그들이 종사했던 '거친' 일로 인해) 여가와 시민권을 행사하는 데 필요한 지적 소양——철학자의 관점에서——을 갖추지 않은 사람들이었다. 현대에 들어와 시민은 노동을 통해 공동체 안에서 자신의 위치를 차지하고 정치권을 획득하기에 우선 노동자의 신분을 지닌다. 다른 면으로 보면, 시민은 자신의 역사와 전통 가치들에 관한 책임을 지면서 공동체에 통합된다. 그러나 모든 공동체에 지배적인 전통이 존재한다 할지라도 어떤 정치 공동체도 단 하나의 유일한 전통에 기초를 두고 있지 않은 것 또한 사실이다. 따라서 공동체 문화의 통합은 기본적으로 다양한 전통들이 공존하게 해주는 가치나 원론들에 연관성을 지니고 있고, 이러한 전통들 중 어떤 것들은 다양한 형태의 문화에 융합된다는 것을 전제로 한다. 그리고 그것은 통합의 한계를 규정한다. 예를 들어 엄격한 종교 근본주의와 세속국가의 원리 사이에 명백한 변증법적 모순이 자리잡고 있는 것은 순전히 사적 자격을 지닌 개인에게 선택 법령을 주는 세속국가는 모든 종교를 같은 견지에 두고 있기 때문이다. 그렇게 국가는 종교들에게 적어도 평화적인 공존을 유지하는 협상을 강요한다. 근본주의는 이렇게 모든 합법적 정치 권력의 원천을 형성하는 것을 단념함으로써만 그 전통을 보전할 수 있는 것이다. 마지막으로, 정치 공동체가 여러 가지 문제와 갈등을 해결하기 위한 방법으로 **공공 토론**(discussion publique)을 규정한다면, 이러한 토론에 참여하는 것은 공동체 통합을 이루는 세번째 양식으로, 이 방식은 위에서 언급한 다른 양식과 마찬가지로 공동체 통합의 본질을 구성한다. 그러면 여기서 이 책의 기본 제안이 민주주의 안에서 시민 교육의 의미를 이해하는 것이기 때문에 민주주의의 정의와 민주주의에 관한 용어를 다루고자 한다.

3. 국가와 민주주의

민주주의의 용어

정치철학에서 행하는 전통 분류 방식에서 부분적으로는 벗어나 있기 때문에 현대 민주주의를 정의하는 것은 어려운 일이다. 일반적으로 민주주의 안에서의 권력은 정확한 경로(한 정당이나 행정 관리직 내부에서 경력을 쌓거나 그랑제콜에서 수학한 사람 등)를 통해 모집되는 **정치 계급**(classe politique)에 속한 것으로 인식하는 반면, 민주주의 국가 중에는 스페인이나 연합왕국(영국과 북아일랜드)처럼 군주 제도를 채택한 국가가 있는 것처럼 다양한 형태의 민주주의가 존재하는 것에서 그 정의를 내리기가 수월치 않다는 것을 잘 보여 준다. 민주정치가 가장 능력 있는 시민 엘리트에 의해 통치되는 것으로 간주하면 현대 민주주의는 실제로 **귀족정치(제)** (aristocraties)라고 할 수 있고, 부를 소유한 소수가 통치하는 것으로 평가한다면 민주정치는 사업체를 거느린 소수의 '결정론자' (décideurs)들에 의해 지배되는 **과두정치**(oligarchies)라고 할 수 있다. 모리스 뒤베르제는 현대 서구 민주주의를 경제적인 부를 차지한 소수 부유층이 지배하는 과두제에 의해 밀접하게 지배되는 '기술 관료 민주주의' (technodémocraties)라고 정의한 바 있다.[6]

민주주의에 대한 정의를 내리기가 용이하지 않은 이유로 **공화제**(république)와 **민주제**(démocratie)의 차이가 명확하지 않고, 이 두 용어가 일상 용어에서 쉽게 혼용되고 있다는 사실도 한몫을 한다. 이 두 정치 체제는 그것을 분류한 사람들에 따라 다르게 구별된다. 예를 들어 아리스토텔레스는 공화제를 공통의 이익(소수의 이익도 포함되어 있다)을 위하여 다수(시민 전체)에 의해 통치되는 국가 형태로 본 반면, 민주제는 가난한 자들의 이익을 고려하여 다수가 통치하는 국가 형태로 보았다.[7] 루소는 공화정치를 **사회 계약**(contrat social)으로 구성된 국가 형태로서 시민의 평등과 정치적 평등, 인민 주권으로 특징지어지는 것으로 보았다. 즉 개개 인민이 입법권인 기본권을 지니고 일반 의지라는 표현에 집산되는 형태로 보았다.[8] 민주정치에 대해서 루소는 정부 유형에 따라 정의했는데, 민주정치는 만인에 의해 채택된 법률을 항상 지키면서 일인 지배(군주정치)나 소수 상층의 지배(귀족정치)와 대립하여 행정권을 소유한 인민 대다수가 통치하는 국가 형태로 보았다. 매우 다른 양상을 띠는 이 두 이론의 공통점은 민주정치는 정부의 유형을 지시하는 것이지 사법과 입헌 구조로 제한할 수 없다는 것이다. 거기서부터 여러 다양한 평가가 나오게 되는데, 우선 민주정치는 이상적인 공화국——권력을 지닌 대다수가 자신의 이익 안에서 가난한 자들의 이익을 고려하면서 통치하는——이라 일컬을 수 있는 것으로부터 벗어난 정치로 인식되는 점이다. 이때 민주정치는 소수 부유층이 부자들의 이익을 위해 통치하는 과두정치와 대립된다. 정치 실체는 결국 '사회 계층'[9]간의 갈등 현실을 담고 있다고 할 수 있다. 또 다른 평가로는 민주정치는 이상국가에 대립되는 개념으로, 민족이 자신에 관련된 일을 결정하기 위해 만인이 모일 수 있는 매우 제한적인 공동체를 가정한다. 여기에는 또한 지속적으로 특정 개인의 공동 재산에 우익을 두면서 완벽한 덕을 갖춘 시민들을 전제로 한다. 이처럼 위에서 언급한 제도들은 큰 규모를 이루고 있는 현대 국가에 적용하기에는 어려운 구조라 할 수 있다.

입헌국가 / 법치국가——시민의 권리와 의무

여기서는 앞서 분석한 **민주주의**와 공화국의 두 정체와 관련지어 특히 민주주의라는 용어에 한 의미를 부여하고자 한다. 이를 위해서는 국가의 사법 구조와 정부 분류를 살펴보는 게 선행되어야 할 것이다. 국가의 사법 구조에 대한 것으로는 에릭 베유가 그의 저서 《정치철학》[10]에서 전개시킨 입헌국가의 분석을 따를 것이고, 정부 형태에 대한 분석으로는 공동체에 관련된 국무에 대한 시민의 참여 문제에 접근하는 방식으로 행해질 것이다.

입헌국가는 헌법에 기초한 국가 형태이다. 삼권(입법·행정·사법)을 규정하는 헌법은 이들 권력이 견제와 균형을 잃지 않고 행사될 수 있도록 권력의 상관 관계를 체계화시켜 놓고 있다. 재판관이 법을 해석하고 일정한 수준의 법을 명확히 규정할 수 있음에도 불구하고 재판부에서는 법을 제정하지 않거나, 의회에서는 항시 독특한 상황을 요구하는 특별 결정을 내리는 통치를 할 수 없는 것은 다 이같은 맥락에서 유래하는 것이다. 그러나 국회는 (예산안 투표 때) 재정 수단을 정부에게 주는 것을 거부하는 식의 정부 행위를 견제하는 권력을 행할 수 있다. 이렇듯 헌법은 권력 행사의 규범뿐 아니라, 선거와 투표의 형식을 명확히 하면서 권력 획득의 규범도 규정해 준다. 마지막으로, 형식적인 관점에서의 헌법은 현존하는 모든 법의 개정 조건과 법 자체의 개정을 위해 따라야 할 절차를 명시하고 있다. 이상에서 본 바와 같이 헌법은 그 어떤 것과도 차등을 두어야 하며 우위에 두어야 한다. 즉 법학자의 용어를 빌려 표현하자면, 헌법은 '가장 높은 단계에 있는 국가 내부의 법규 총체'가 되는 것이다.

입헌국가는 몽테스키외[11]가 처음으로 규정한 권력들간의 상호 의존성을 연결지어 시민에게 권력의 정확한 법규를 제시해 준다. 시민은 정부와 행정부의 독단적인 결정에 반하여 법정에 합법적 상소를 할 수 있다. 사법부의 독립은 정부가 시민과 분쟁이 있을 경우에, 정부는 재판관의 위치에 있을 수 없다는 것을 의미하는데, 이 경우에 있어서 재판관은 국가——이 용어 사용에 있어서, 행정부와 부적절하게 혼용되고 있다——에게 실제적인 과실을 인정하게 하고 국민에게 사죄하도록 강제할 수 있다. 그밖에 법 실행에 있어서, 직접적(국민투표의 경우)이건 간접적(국민 대표를 선출하는 방식을 통해)이건 시민들의 합의를 이끌어 내는 것은 필수적이다. 이렇게 법은 자의적인 권력으로부터 개인을 보호해 개인이 기본 자유를 누릴 수 있도록 보장해 주는 것을 기본 조건으로 하고 있다.[12]

에릭 배유가 분석한 입헌국가의 개념은 일상 언어로 **법치국가**(État de droit)에 일치한다. 성문법에 기초한 국가에서는 모든 개인은 법 앞에서는 평등하다는 것과 관련해서 권력의 실행은 법에 의해 규제되고, 특히 부당한 감금(예를 들어 앙시앵레짐 때 왕의 개인 서한으로 유명한 봉인장[lettres de cachet; 즉석에서 투옥을 통고하도록 쓰인 것])이나 폭력의 사용을 용납하지 않는 것이다. 모든 사람은 유죄로 선고되기까지는 무죄로 추정되는 것이므로, 체포 시에도 신병을 확보하는 데 필요한 경우에만 강제를 사용할 수 있다.[13] 결국 법치국가가 기초로 하는 것은 법의 권위라는 사실에 의거하여 여기서 시민 교육과 관련하여 첫번째 결론을 이끌어 낼 수 있다. 몽테스키외의 말을 빌리면, 공화국의 '정신'은 개인들을 법에 복종하도록 강제할 수 있는 다소 강한 억압과는 별개로 국가가 기초로 하고 있는 법, 즉 **원칙**(principe)에 의거한 법을 지키는 것이다. 결국 시민 교육은 **자발적으로 법에 동의하는 복종** 정신을 전파시키는 동시에 그 정신에 밀접하게 연관된 평등의 의미를 전파시키는 것이다. 국가가 종종 힘에 호소해 처벌에 대한 두려움을 심어 주는 경우 시민에게 어떤 의무감을 따르게 하는 데 큰 역할을 하는 것은 분명하지만, 그렇다고 해서 각 개인에게 경찰을 배치해 감시하게 할 수는 없는 노릇이다. 현대 국가의 원리는 시민에게 법을 지키는 것이 양심에 어긋나지 않는 합법적인 행동이라는 관념을 심어 주어 법에 복종하는 것이 당연한 것으로 여겨지게 하는 데 그 근본을 두고 있기 때문이다.

법에 대한 복종이 합법적이라는 것은 두 가지 이론에 토대를 두고 있는데, 우선 시민권에 대한 **소비자**(consumériste) 개념에 기초하고 있는 이론이다. 시민은 일종의 소비자이고, 국가를 서비스 제공자라 할 수 있을 때, 개인은 의무를 완수한 대가로 권리를 누릴 수 있게 되는 것이다. 즉 집단 규칙(règles collectives)에 대한 복종은 공동체를 통해 개인에게 부과된 국가에 대한 의무 사항이고, 개인은 이렇게 자신들의 의무에 순응하면서 얼마간의 권리를 '사는 것이다.' 이 이론의 형식은 시민권에 관한 논쟁에 빈번히 등장할 정도로 명백한 결점의 소지를 안고 있다. 실제로 권리와 의무의 관계를 국가와 개인 사이에 이루어지는 거래와 견줄 수 있다 하더라도, 이 거래가 국가와 개개인간에 이루어진다는 것을 그 무엇으로도 전제할 수 없다. 내가 그 대가를 지불한 경우, 내가 누리는 권리는 특권이 될 가능성을 다분히 지니고 있다. 결국 이 개념은 모든 시민이 균등한 의무와 권리를 지니고 있지 않다는 것을 제시해 주고, 그것에 의거하여 시민을 다양한 범주로 분류할 수 있게 해준다.

　시민의 권리와 의무를 어떤 계약에서 비롯된 것으로 인식한다면, 루소의 사상을 세부적으로 고찰할 필요가 있다. **각**(tout) 개인은 자신에게 속한 의무와 권리들을 누린다. 개인의 기본 권리들——자유·안정·소유——은 개인(또는 사회 단체)과 권력간에 이루어지는 사적 거래로 얻어지는 게 아니라 정부가 개인에게 보장해 줌으로써 획득되는 것이다. 개인이 교환을 구성하는 것(en échange)은 자신의 의무를 완수하려는 게 아니라 기본 권리들이같은 방식으로 개개인에게 보장되게 하기 위함이다. 모든 사람들의 권리를 지키면서 개인은 자신의 재산을 지킨다고 하는 것은 자유를 **연대성**(solidarité)이라는 형태에 기초를 두고 있는 것으로,　이는 루소의 《사회계약론》에서 주요 논점이 된다. 이렇게 개인은 자신이 속한 공동체와 계약을 통해 맺어지면 각 개인은 공동체에게 완전히 자신의 모든 권리를 양도한다. 각 개인과 계약을 맺은 전체 공동체는 군사 분쟁이 발생한 경우에는 각 시민을 동원할 수 있다. 그러나 국가는 국적을 지닌 시민이 다른 국가에 인질로 잡혀 있을 경우에는 가능한 모든 방법을 동원해서라도 그 시민을 석방시키는 데 총력을 기울여야 한다. 국가가 공동체 구성원에 대한 보호와 안정을 보장해 주지 않는다면 전체 공동체의 응집력이 위협을 받을 수 있다. 즉 공동체가 한 개인에 관한 계약을 완수하지 않는다면, 각 개인이 자신들의 의무를 방기하는 상황을 초래하게 될 것이다. 결국 한 시민과 맺은 계약을 일방적으로 파기하는 공동체는 총체 안에 국가의 토대를 이룰 수 없게 되는 것이다.

법과 합법적 권위에 대하여 시민에게 자신의 의무와 권리를 깨우쳐 주려는 토대의 발단은 1789년의 '인간과 시민의 권리 선언'에서 제시되었다. 이것의 목적은 시민으로 하여금 입법권 및 집행권의 행위를 '모든 정치 제도의 목적'과 비교함으로써 보다 존중하고 그 정당성을 더 잘 파악할 수 있는 능력을 기르도록 하기 위함이다. 따라서 시민은 납득할 수 없고 판단할 수 없는 법에는 복종하지 않아도 되고, 시민의 요구는 '간결하고도 자명한 원칙에' 기초함으로써 '언제나 헌법의 유지와 모두의 행복을 지향' 하도록 하는 데 그 취지가 있는 것이다. 개인의 어떤 자의적인 요구는 권리라 부를 수 없고, 시민은 만인에게 보장된 권리만을 소유할 수 있다. 다시 말하면 합리적이고 보편적인 원리에 기초한 권리만이 인정을 받고, 시민은 '헌법의 유지와 모든 사람의 행복을 지향하는 것' 을 요구해야 한다. 이처럼 시민의 요구 사항들이 보편적이고 전체 이익의 관점에 기초하게 되면서 시민의 권리와 의무는 그렇게 법에 의해 정해진다. 이러한 견지에서 보면, 시민의 권리와 의무는 국가와 국가 고유의 법에 의해 좌우되면서 동시에 자율적인 개인의 판단에 기초하고 있기도 하다. 개인적인 판단에 대한 문제는 뒷장의 정치적인 판단의 기준은 무엇이고, 이 판단 교육은 무엇으로 구성할 수 있는가[14]에서 다시 다루겠다.

시민권과 정치 행위

그러면 여기서는 시민권과 시민의 정치 참여 문제에 대해서 고찰해 보고자 한다. 기본 자유를 누리는 것은 개인이 일할 수 있고 자신의 삶을 원하는 대로 이끌어 나갈 수 있게 하는 권리를 말한다. 그러나 개인이 자유권을 누린다는 것에는 반드시 어떤 정치에 대한 책임을 지는 것은 아니다. 즉 입헌국가는 개인에게 기본권은 보장하지만 정치에 있어서는 항상 통치를 받고, 피지배자의 위치에 있는 수동적 존재로 머무르게 한다. 다시 말하면 현대 국가는 다소간 권력 통제와 제한 문제를 제기하면서 해결했다. 개인에게 개인 생활을 누릴 수 있는 권리(순전히 사적인 권리) 를 보장해 주면서 국무에 활발하게 참여하는 것은, 정치 **전문가**(professionnels)에게 일임하는 체제를 채택했다고 할 수 있다.

투표하는 행위를 두고 개인이 활발한 정치 활동을 한다고 하는 것에는 의의를 제기하게 된다. 시의원이나 국회의원·공화국 대통령을 선출하는 선거에 임하는 것은 타인이 맡은 책임의 몫과 관련해서 각자가 자신의 책임의 몫을 행사하는 집단 결정이다. 그러나 위의 논증 역시 의문이 들게 되는데, 대다수의 시민——투표를 하지 않는 시민들도 포함하여——은 일정한 시기에 행해지는 선거 때에만 정치 행위를 하기 때문이다. 이렇듯 대다수의 시민은 대부분의 시기를 공동체의 운명에 영향을 미치는 것에서 소외된 채 정치적으로는 수동적인 사적인 존재에 머무르게 되는 것이다.

이렇게 볼 때, 시민과 같은 영토 내에 거주하는 외국인들과의 구별이 명료하지 않다. 전쟁시나 선거 기간, **하물며**(a fortiori) 투표를 기권하는 경우를 제외하면 무엇으로 시민과 외국인을 구별할 수 있는가? 일을 하고, 법을 지키고, 법의 보호를 누리고, 기본 자유가 지켜지는가를 보고 시민과 외국인을 구별하는 방법이 있다. 그러나 법률에 호소[법률 상소나 소원 같은 경우]할 수 있는 가능성으로 시민과 외국인을 명확하게 구별할 수는 없는데, 소송이 합법적이라고 인정되면 모든 인간은 소송을 제기할 수 있고 재판을 요구할 수 있는 권리가 있기 때문이다.

이미 아리스토텔레스는 《정치학》 제3권(제1장)에서 이 문제를 제기한 바 있다. 아리스토텔레스에 의하면, 시민이 되기 위해서는 일정한 지역에 거주하고 법정에서 소송을 제기할 수 있는 것만으로 충분치 않다. 왜냐하면 (거류) 외국인도 이런 행위를 할 수 있기 때문이다. 진정한 시민은 (여자들과 아이들, 중죄로 인해 전체적으로나 부분적으로 공권을 박탈당한 사람들과는 대조적으로) **공직**(fonction publique)에 참여하는 자나 통치를 하는 사람이거나 혹은 인민 법정[15]이나 인민 집회에 참여하는 자를 일컫는 것이다. 따라서 시민의 자격은 공동체 일에 **적극적으로**(active) 참여하는 것으로서, 거기에는 피지배자의 위치뿐만 아니라 통치자의 위치도 포함되는 것이다. 그 의미 안에서 자유는 단순히 어떤 권리를 누리는 것으로 구성되는 게 아니고, 아렌트의 주장대로 본질적으로 '국무에 공동 참여하는'[16] 사실로 구성되는 것이다.

거기서부터 시민의 두 가지 형태를 끌어낼 수 있다. 아리스토텔레스는 민주주의에서의 시민은 **시간적으로 제한되어 있지 않는 기간**(durée indéfinie)에 관직을 행하는 자로, 예를 들어 모든 시민이 발언권을 가지고 있고(iségoria 원리이다) 국정 운영에 참여할 수 있는 인민 집회에서 공직을 맡고 있는 자로 명시했다. 그러나 같은 시기에 만인들이 종사할 수 없는 어떤 관직들은 시민들에게 차례로 지배자와 피지배자 자격을 주는 형식으로 운영되었다. 과두정치와 귀족정치에서는 소수의 특정 개인들에게만 입법권과 행정권을 부여하고 일반 인민은 이런 권리를 가질 수 없기에, 이런 정치 체제에서는 공직을 맡을 **가능성**(possibilité)을 가진 자들이 시민이 된다.

현대 민주주의는 과두정치와 귀족정치가 혼합된 모습을 제시하고 있는데, 일례로 추첨을 통해 구성된 배심원들이 재판 과정에 참여하는 제도는 개개인이 사법직에 참여할 수 있는 가능성을 열어 주는 것으로 민주주의의 특징을 잘 드러내는 제도라 할 수 있다. 마찬가지로 민주주의에서는 모든 시민이 입법부나 정부에 관련된 모든 일에 참여할 수 있다. 따라서 현대 민주주의 원리는 엘리트로 여겨지는 사람들을 선별하는 선거와 같은 **원리**(principe)인 개방된 귀족정치라고 할 수 있다. 따라서 피선거권은 시민들의 투표에 의해 결정되는 것이기에 일정한 나이에 도달하는 모든 시민은 정치 행위에 참여하는 것을 바랄 수 있다. 다시 말하면 정치적 자유와 평등은 보통선거를 통해서만 이루어지는 게 아니라, 무엇보다도 어떤 시민도 국무를 수행하는 것에서 제외시키지 않는다는 것에 그 근본을 두는 것이다. 이것이 바로 현대 민주주의의 정의이고, 에릭 베유는 국가 안에서 모든 시민은 잠재적인 통치자로 간주되는 상황을 현대 민주주의로 보았다.[17]

위에서 내린 민주주의의 정의는 구체적으로 많은 의문점들이 제기된다. 우선 대다수의 시민들은 정치 활동에 대해 무관심하다는 사실이다. 그러나 정치 생활에 참여하는 것은 가능성이지 의무가 아니라는 점에서 위의 정의는 유효하다. 다음으로, 이 민주주의의 정의는 선거전에서의 재정적 뒷받침에 관련된 문제와 언론 매체에 접근하는 문제 같은 정치 활동의 외형적인 조건과 관련되어 의문점이 제기된다. 이와 관련하여 또 한 가지 문제점이 제기되는데, 통치자들만이 국가 안에서 행동하는 게 아니고 시민 또한 여론 형성에 기여하면서 통치자들에게 영향을 미치면서 활동할 수 있다는 점이다. 여기서 다시 교육 문제가 제기되는데, 왜냐하면 시민의 평등은 지식과 교육에 관한 개인의 평등을 포함하기 때문이다. 마침내 민주주의에 대한 정의는 일정한 시민에게 행해지는 교육 형태의 문제를 제기한다. 여기서의 교육은 단순히 개인에게 부여할 수 있는 정보나 훈육으로만 구성되는 게 아니라, 피지배자로서의 개인에게 권리와 의무를 깨우쳐 주어 그 권리와 의무에 일치할 수 있도록 점차적으로 지성을 키워 나갈 수 있도록 해주는 것이다. 즉 교육은 시민에게 이러한 정보 이외에도 잠재적인 **지배자**(gouvernant en puissance)의 위치에 부합하는 교육을 행해야 한다.

II

규 율

모든 정치 공동체가 다양한 전통이 공존하는 공동체로 특징지어진다면, 취학의 의무는 정치 공동체에서 특별한 의미를 지니게 된다. 실제로 학교에서는 시민권이 형성된다. 학교는 아이들을 혈연이나 인척 관계로 연결된 가정에서 벗어나게 해서 여러 개인들이 함께 살아가야 하는 의무감을 지니고 모인 더 큰 공동체에 들어가게 하는 장소이다. 다른 용어로 표현하자면, 학교는 같은 규율의 권위 아래 다양한 사람들의 공동 생활이 이루어지는 곳이라고 할 수 있다.

이렇게 학교 생활을 시작하면서부터 형성되는 **규율**(discipline)은 아이들에게 어떤 법규를 존중하도록 주입시켜 아이들을 조직의 구속에 순응하는 습관을 길러 주게 하는 것으로 간주된다. 그러나 교육자에 의해 세워진 규율은 아이들에게 일반적으로 복종하는 습관을 길러 주는 동시에 권위에 복종하는 습관을 붙여 준다. 결국 법을 지키는 습관을 지니지 않은 개인은 그 누구도 사회 생활에 합류할 수 없게 되는 것이다. 시민은 직접적이건 시민이 뽑은 대표자들의 중개 역할에 의해서건 법 제정에 참여하고 있기 때문에 법을 지켜야 할 의무가 있다. 즉 이해하지 못하고 판단을 내릴 수 없는 상태를 제외하고 모든 시민은 반드시 법에 복종해야 한다. 그러나 학교 교육은 성인들이 아닌, 이해하고 판단할 수 있는 능력이 떨어지는 더 어린 개체들인 아이들을 대상으로 하기에 아이들의 복종하는 습관은 반드시 사고 능력과 사고 취향에 선행된다. 복종하는 습관은 기계적이고 자동적으로 행해지는 것만큼 더 지속적이기에 복종하는 습관과 사고 능력 사이에는 변증법적 모순이 자리잡게 된다.

결국 개인에게 굴복하는 습관을 훈련시키지 않고 어떻게 복종하는 습관을 심어 줄 것인가? 만일 개인이 권위가 항시 정해진 법규나 '권한을 행사하는 자들' 즉 정치가나 상사·'지도자'(me-neurs)에 종속된 것으로 알고 있다면 어떻게 개인에게 권위를 행사하는가? 또한 권력보다는 자유를, 제약보다는 자율성을, 예속 상태보다는 책임감을 지니기 위한 권위는 어떻게 이루어지는가 하는 문제들이 제기된다. 이 질문에 가능한 답변으로는 반드시 법적인 모델(modèle juridique)을 살펴보아야 한다.

1. 교육 권위의 법칙 모델: 루소

권위의 부정적인 결과

루소는 권위 관계는 아이들에게 부정적인 결과를 초래한다고 생각했다.[18] 여기서는 권위와 관련하여, 교육자가 자신의 힘을 과시하면서 아이들에게 내리는 명백한 명령들을 포함시켜야만 한다. 그러면 이러한 권력은 아이들에게 왜 나쁜 영향을 미치게 하는 것일까? 어린아이는 자신에게 내려진 명령에 대해 **객관적**(objective) 판단을 지닐 수 없기 때문이다. 따라서 어린아이는 틀림없이 주어진 명령을 성인의 개인 의지 표현, 다시 말하면 성인의 자의적 표현(arbitraire)으로 이해한다. 아이에게 부여하길 원하는 모든 논리나 판단은 아이 당사자에게는 그것을 받아들이게 하기 위해 동반된 미사여구처럼 성인의 자의성을 장식하는 효과처럼 비쳐질 것이다. 어떤 경우에는, 아이는 이렇게 동반된 미사여구에 자신의 변론을 비교할 것이다. 그러나 어떻게 해서든지 아이는 자신의 개인 욕망을 성인에게 적합한 욕망의 표현으로 인식한 필요성과 비교할 것이다. 이같은 대립 상황과 일종의 권력을 위한 투쟁의 결과는 아이가 복종하든가, 아니면 반항하는 형태인 두 가지 경우로 나타나게 된다. 무조건 어른에게 복종하는 습관을 지니고 있는 아이는 성인이 되어서도 독단적인 의견이나 유행 또는 권력을 행사하는 압제자의 의도를 고려해 보지도 않고 복종하는 경향을 지니게 될 것이다. 따라서 아이가 자신의 욕망을 성인의 고유한 욕망으로 인식한 것과 비교하는 것은 직접적이건 간접적이건 대립 관계를 형성한 것이 된다. 이에 따라 자신이 가장 세지 않다고 인식한 아이는 교사가 요구하는 것을 면밀히 검토하려고 애쓰게 되고, 아이는 교사의 마음에 드는 행동을 취하면서 겉으로 교사에게 복종하는 것처럼 보이게 한다. 이렇듯 아이는 자신의 속마음을 숨기고 거짓말하는 것을 배우게 되고, 동시에 다른 사람의 허점을 염탐해서 타인을 조종할 수 있는 기회를 포착하는 것을 배우게 된다. 한 마디로 아이는 어떻게 해서든지 자신이 복종한 대가를 받아내려고 할 것이고, 어른들은 마침내 이러한 무언의 흥정에 동의하면서 자신의 권위 전부나 부분을 포기해서 평화를 얻게 되었다고 믿게 될 것이다.

　이러한 지경에 이르지 않기 위해서는, 아이에게 행사하는 권위는 시민이 복종하는 법의 권위처럼 **보편적**(impersonnelle)인 속성을 수반하여야 한다. 이 때문에 루소는 어린이에게 어떠한 명령도 내리지 말 것을 요구했는데, 이것은 아이를 아무거나 하도록 방치해 두라는 게 아니라 객관적인 시각에서 아이에게 유익한 것 이외에는 다른 어떤 것도 바라지 않는다는 조건에서 아이 스스로 자신의 인생을 구성하도록 이끌어 주는 것이다.

　이러한 사상을 바탕으로 루소는 이상적인 교육 소설 《에밀》을 탄생시켰다. 에밀은 가정교사에게서 멀리 떨어져 혼자 자라난다. 에밀은 태어나면서부터 외부의 유혹들에 보호되고, 아이에게 아무런 명령을 내리지 않으면서 마음속으로는 자신이 마음먹은 것을 하고자 하는 열망을 불러일으키게 하는 교육자의 보이지 않는 손에 의해 지속적인 감시와 통제를 받는다. 이렇게 아이를 지배하는 것은 교육자에 의해 은밀하지만 완전하게 구성된 상황의 객관적인 속박이다. 물론 위의 상황이 개인적이고 유리한 조건을 가정하는 만큼 보편적으로 적용할 수 있는 해결책이라고는 할 수 없다. 그러나 이 상황은 판단되어지는 것과 관련해서 모든 구체적인 교육이 접근해야 하는 모델 역할을 한다.

권위의 필요성: '교육계약론'

타자에 의해 쉽게 조종당할 수 있는 유년 시절과 자신이 인생의 주인이 되는 성년 시기 사이에는 청소년기가 자리잡게 된다. 이 청소년기에는 아동기에 시행한 방침대로 명령을 내리고 금지하는 교육 방식으로는 더 이상 실효를 거둘 수 없게 된다. 루소는 청소년기에 적절한 교육 방식으로서 나쁜 결과——순종 상태 아니면 반항을 초래하는——를 초래하지 않는 권위 모델을 찾아내려고 애썼다.

이 모델은 권위에 '법률상의' 토대를 부여하는 계약의 일종인 '교육계약론'(contrat pédagogique)에 의해 정해진다.[19] 학생이 교육자의 명령에 복종하면서 자신의 자유를 지켜나가기 위해서는 교육자의 권위가 피교육자에 의해 명백하게 받아들여져야만 한다. 이러한 권위는 상호간의 협약, 즉 청소년은 무조건적으로 교육자의 명령에 복종할 것을 약속하고, 교육자는 말할 것도 없이 자신의 학생에게 가장 좋은 것만을 명령하고, 특히 학생에게 **설명하겠다**(rendre des comptes)는 협약에서 나오는 것이다. 따라서 학생은 주어진 명령은 따라야 하지만, 후에 조용한 시기를 이용하여 교육자는 학생에게 명령을 내려야 하는 절대필요성을 정당화하는 상황을 설명해야만 한다. 결국 복종은 기본적으로 교육자와 학생간의 **신뢰**(confiance)에 바탕을 둔다. 비록 청소년기에는 성급한 성격과 경험 부족으로 상황을 올바로 파악하지 못하고 위험을 인지할 수 없다 할지라도, 청소년은 자신이 이해할 수 없고 스스로 받아들일 수 없는 명령은 강요할 수 없다는 것을 알기에 교육자의 명령에 복종하게 된다.

이렇듯 '교육계약론' 모델은 교육자의 권위를 소멸시키는 대신 굳건한 토대 위에 근거를 두는 것을 목표로 하고 있다. 실제로 이 계약이 '가정교사'(gouverneur)에게 자신을 지도해 달라고 요청한 학생의 의지에 기초하고 있다면, 그 학생은 분명하게 자신의 행동 규칙을 정하는 일을 가정교사에게 맡기지 않는다. 여기서 '교육계약론'과 일상적으로 칭하는 '민주주의 규범'(règle démo-cratique) 사이에는 분명한 차이점이 존재한다는 것을 알게 되는데, 계약은 설명이 이루어진 다음에 규범이나 명령을 따라야 한다는 것을 규정하지 않는다. 계약은 오히려 먼저 명령에 순종하게 한 후에 규칙을 설명해 주라고 명시하고 있다. 다시 말하면, 교육자의 권위는 학생을 공평하고 정직하게 대해 주는 것뿐만 아니라 학생에게 설명을 해주어야 하는 절대적 의무를 지킬 때에만 그 효력을 지니게 되는 것이다. 권위는 계약에 대한 신뢰와 그 계약을 지켜나가는 것을 바탕으로 '재검토'(remise de compte)하는 상황 속에서 어떤 조항을 발견하게 되기에 총체적이라 할 수 있다. 이런 상황에서 학교에 적용된 모델은 분명히 자주성에 이르는 민주적인 권위가 아니라, 오히려 루소가 로마 역사에서 여러 가지 예문을 인용한 것처럼 정치가의 권위에 관련된다. 《에밀》에서 로

마인들이 여러 가지 일들을 맡아 달라고 청하기 위해서 농지로 킹킨나투스를 찾으러 갔던 것처럼, 소년은 교육자에게 자신을 지도해 달라고 요청한다.[20] 루소는 청소년을 '위험을 내포한'(en danger) 한 개인으로 보면서 사회와 쾌락, 격렬한 열정에 대한 유혹은 청소년을 약한 존재로 만드는 요인이라고 주장했다. 결국 상황이 악화일로로 치닫게 되면서, 권위와 무조건적인 복종을 근본적인 해결책이라고 제시하게 되는 상황에 이르게 된다고 보았다.

이렇게 루소는 교육적인 권위 모델이 인간을 통치하는 수단인 행정권에 속하게 되는 문제점을 강조했다. 《사회계약론》에서 루소는 인민 주권이 개개의 특수한 상황을 지니고 있는 것에 대해 결정을 내려야 하는 정부의 존재를 배제시키지 않은 상태에서 이루어지는 것과 마찬가지로,[21] 학생의 자유는 교육자의 권위가 있는 상태에서 달성된다고 보았다. 따라서 루소 자신이 《에밀》에서 **가정교사**라 칭한 교육자는 자신이 맡은 학생을 지도하는 동시에 아이에게 설명을 해주어야 되는 것이다.

2. 칸트의 학교 개념

엄밀히 말해, 아동에게 부과되는 학교 교육은 분명히 명시되고 인정된 권위를 전제로 한다. 그러면 이러한 권위가 루소의 주장대로 반항이나 예속을 양산하는 나쁜 결과들을 초래하는 것을 어떻게 피할 수 있는가? 또한 어떻게 권위는 자유롭게 판단하는 훈련을 시킬 수 있는가 ?

칸트의 《교육에 관한 고찰》은 이러한 문제점에 관한 답변을 해주고 있다.[22] 칸트는 이 책에서 규율과 학교 자체를 가정교사직의 이상적인 방법과 관련해 임시변통의 수단으로서가 아니라, 일반적인 개인과 특히 시민 교육을 담당하는 실질적인 제도로 인정하였다.

칸트는 규율에 대하여, 인간은 천성적으로 무절제한 충동에 따르는 성향을 지니고 있기에 규율이 필요하다고 주장했다. 인간의 욕구는 다양한 동시에 상반된 특징을 지니고 있기 때문에 규범을 정해 아이의 행동에 제한을 가하지 않는다면 아이는 자신에게 해가 되는 일을 저지를 수도 있다. 여기서 본능과 관련하여 사람과 동물의 차이점을 보게 된다. 동물은 어떤 방향으로 이끄는 본능 법칙에 따라 규칙적인 행동을 해나가는 것과 달리 아이의 행동에서는 규칙성이 드러나지 않는다. 예를 들어 동물은 자신에게 적당한 것을 본능적으로 선택하는 반면에 아이는 아무거나 게걸스럽게 먹어치울 것이다. 이렇게 볼 때, 인간은 엄밀한 의미에서의 본능을 갖고 있지 않다고 할 수 있다. 즉 인간은 다양한 욕구를 지니고 있지만 그 욕구들은, 예를 들어 동물들에게 발정기를 강요하는 본능처럼 본능에 의해 조절되고 지시받지 않는다. 또한 이러한 욕구들은 인간이 행동 규칙을 정하는 것을 배우지 않는다면 스스로를 해치는 결과를 초래할 수도 있다. 따라서 어른이 아동에게 강제하는 규범은 아이 자신에게 닥칠 수도 있는 위험을 막아 주는 첫번째 기능이 되는 것이다.

인간의 행동이 엄밀한 의미에서의 본능적인 규범에 의하여 조절되지 않는다는 것은, 인간이 완성되지 않은 존재로 태어난다는 것을 의미한다. 고로 어린아이는 경험이 없고 무지한 존재이지만, 그렇다고 해서 열등한 존재라는 것을 의미하는 것은 아니다. 칸트는 완성되지 않고 결점을 지닌 인간의 본성을 인간의 존엄을 나타내는 지표로 보았다. 왜냐하면 인간의 본성은 스스로 완성되어 나가도록 예정되어 있기 때문이다. 이미 일생 동안 할 수 있는 모든 능력을 지니고 태어난 동물은 일반적으로 본성 법칙, 특히 같은 종족의 법칙에 따라 행동과 취향이 정해진다. 그러나 본성 법칙만으로 규정할 수 없는 인간은 스스로 이루어 나가야 하는 존재가 되어야 한다. 다시 말하면 인간은 자신의 이성과 자유를 사용해 자신의 법칙을 만들어 나가야 되는 것이다.

인간이 스스로 알아서 행동하는 존재라는 것은 자신이 내린 결정을 실행하고, 자신의 해결 방침들이 효과를 보기 위해서는 일반적인 규칙을 존중하는 습관을 지녀야 된다는 것을 의미한다. 이러한 결정과 해결책은 고찰을 전제 조건으로 내세우는데, 고찰을 통해서만 개인은 자신의 주인이 될 수 있다. 그러나 고찰하는 행위는 욕구와 욕구 만족이 이루어지는 시기 사이에 **지체(délai)**되는 것을 전제로 한다. 이렇게 사고하는 행위는 인간으로 하여금 단순하게 순간의 충동에 따르지 않게 하는 것을 가정한다. 다시 말하면, 고찰은 즉각적인 만족을 얻는 것을 포기하면서 급히 행동하는 본성을 통제해 어떤 계획에 대한 실행을 연기하는 습관을 내포하는 것이다. 이러한 관점에서 칸트는 독특한 시각으로 학교

를 언급했다 : "우리가 어린아이들을 학교에 보낼 때 아이들이 학교에서 무엇인가 뚜렷한 지식을 배워야 한다는 목적에서라기보다, 오히려 조용히 자리에 앉아 있는 것을 익히고 지시된 사항들을 정확히 준수하는 습관을 지니게 하기 위해서 학교에 보낸다. 또한 아이들의 머릿속에 떠오르는 모든 생각들을 즉흥적으로 실행에 옮기는 것을 막기 위한 목적으로 보낸다."[23]

이처럼 칸트에게 있어서 학교는 아이들의 머릿속에 그때그때 불쑥 떠오르는 욕구들을 자의적이고 즉흥적으로 실행에 옮기는 것을 막기 위한 목적으로 훈육이 이루어지는 장소이다. 이 때문에 아이에게 행해지는 훈육은 동물에게 행해지는 것과는 다른 양상을 띠게 된다. 동물에게 있어서 훈육의 목표는 동물이 받은 훈련을 가능한 한 완전하고 즉각적으로 실행에 옮기는 데 있다. 따라서 동물의 반복된 행위는 훈육의 수단이자 목표이지만, 어린아이에 관련된 훈육은 여러 가지 것을 훈련시키는 게 아니다. 어린아이가 지녀야 할 습관은 자신의 행동에 어떤 형식을 부여하는 습관을 지니는 의미에서 형식적인 습관이다. 즉 훈육의 본질은 아이에게 구체적인 행동을 익히게 하려는 게 아니라 아이가 지니고 있는 본능적인 행동을 규제하고 보편적인 규칙을 지키게 하는 데 있다. 따라서 규율 교육은 의지를 꺾고 노예 근성을 양산하는 예속 상태에서 벗어나게 해 '천천히 한 생각을 변화시키는 사고 방식'[24]으로 자리잡는 순응적 사고 방식을 길러 준다.

이 때문에 학교에서 습득하는 주요한 습관은 일하는 것을 익히는 것이다. 노동 행위 자체는 외적인 목적——업적·생산·보수

등——으로 연결된 억압적인 상황으로 정의된다. 따라서 일한다는 것은 순간의 만족을 포기하면서 소유라든지 소비 생활, 향락적인 생활, 즉 욕구 충족을 뒤로 미루고 현재의 고통스러운 활동을 감수하는 것에 동의하는 것이다. 이처럼 노동 행위에는 사고하는 습관과 자율성을 길러 주는 규율이 포함된다. 그러나 **학교**(scolaire) 형태 아래에서 행해지는 노동은 아이를 지시된 신호와 명령에 맹목적으로 복종하는 예속 상태에 익숙해지게 하는 게 아니라 아이가 스스로 세운 목표에 맞추어 전심전력을 다하여 자신의 시간과 활동을 구성하는 것을 익히게 하려는 것이다. 칸트는 아이들에게 '한번 법칙으로 선택한 것은 반드시 준수하도록 강제하는' [25] 조건으로 어떤 상황에서는 아이들이 자신들의 일과표를 스스로 구성하도록 내버려두어야 한다고 주장했다. 다시 말하면, 아이들이 일정한 행위 법칙들을 스스로 결정하고 선택한 이후에는 반드시 준수하게 한다. 그밖의 '별로 중요하지 않은 사안들'에 관한 한, 어른들은 아이들로 하여금 스스로 선택하도록 하라고 주장했다. 실제로 규율의 본질은 제도 규칙에 의해 규정된다.

제도 규칙

학교가 적어도 생각하는 개체들을 교육시키는 것에 관련된다면 학교 규율은 이들 개인이 인내심을 가지고 천천히 생각하는 시간을 가질 수 있게 강제하는 것을 목표로 한다. 즉 규율은 아이에게 조직적으로 생각을 깊이 해서 행동을 하도록 강요하지만, 다른 한편으로는 아이에게 어떤 권위에 굴복하고 복종하는 습관을 들이도록 주입시킨다. 그렇다면 그 습관들이 지속적이라는 가정 하에서 위의 습관을 지니게 됨으로써 아이는 다른 사람의 의지에 따르려는 성향을 가지게 되는 것일까? 다시 말하면, 이 습관은 아이들을 정치적인 결정을 내리는 데 참여하기보다는 오히려 지배를 받는 데 익숙한 수동적인 주체로 만드는 것은 아닐까?

칸트는 이것에 대한 답변으로 아이들은 무조건적인 복종을 해야 한다고 표명했다. 복종심과 관련하여 루소처럼 칸트도 아동과 청소년을 구별지었는데, 아이의 복종심은 아이의 내면에서 우러나오는 성인의 이성과 풍부한 경험에 대한 신뢰에서 나온다고 주장했다. 여기서 아이들이 따르는 법칙은 교사가 임의적으로 행할 수 없는 학교 제도의 규율처럼 보편적 법칙이어야 한다. 그러므로 어린아이는 보편적인 법칙과 특히 '일과표'(emploi du temps) 같은 시간 법칙을 존중해야 하는 것이지 성인의 특수 의지를 존중해야 하는 것은 아니다. 학교에서 행해지는 법칙은 모든 아이에게 동일하게 적용되는 보편성을 지닌 법칙이 되어야 한다. "교사는 많은 어린아이들을 대할 때 어느 한 아이를 편애하거나 더 좋아하는 모습을 보이지 않아야 한다"라고 칸트는 적고 있다.[26] 어느 아이가 모든 아이들이 자기에게 적용되는 동일한 법칙의 지배를 받고 있지 않다는 점을 알아차린다면 교사의 말을 잘 따르지 않는 반항아가 될 것이다. 마찬가지로 어린아이가 자신의 마음이 가는 대로 행하는 일과 만인에게 동일하게 적용된 보편적인 법칙에 따라서 행해야 할 법칙을 혼동하지 않는다고 가정할 때,

어른들은 아이들에게 모든 사람들이 동일하게 준수해야 하는 법칙을 분명하게 알려 주어야 한다. "아이들은 그들이 인간으로서 따라야 할 일정한 의무들을 가지고 있다는 것을 쉽게 이해하고 깨달을 수 없는 반면, 아이로서 따라야 할 일정한 의무들을 가지고 있다는 것을 잘 이해하고 있다."[27] 아이들이 교사의 말을 잘 따르게 하기 위해서는 결국 **사실상의**(de fait) 법이라는 보편적인 인식을 지니게 해야 한다. 아이는 이 법칙의 모든 존재 논리를 명확하게 파악하고 있지는 못하지만, 어린 학생으로서의 자신에게 부여되는 제도적인 규칙과 아이에게 자신의 의지를 강요하고자 하는 어른의 독단성을 구별할 수 있게 되는 것이다.

다른 유형의 학교 법칙 모델

이 유형의 학교의 권위 법칙은 아동을 대상으로 한 것이지만, 청소년에게도 적용시킬 수 있는 법칙이다. 우선 권위는 두 개체의 대립에서 발생하는 게 아니고 명백한 규칙에, (그리고 19세기부터 학교 규칙에 의해) 정해지는 두 계급의 역할과 관련되어 발생하는 것이기에 이 모델을 법규라 칭할 수 있다. 이러한 의미에서 학교는 현대 사회로 넘어가는 발판 역할을 했다고 할 수 있다. 현대 사회 안에서 사회 기능들은 다양한 계급으로 나누어지고, 이들 사회 기능은 권위 관계를 통하여 서로 연결된다. 예를 들어 고용인은 고용주의 권위에 복종해야 되고, 공무원들은 장관의 권위에 복종해야 한다. 그렇기 때문에 권위는 일반 개인에게 영향을 미치는 게 아니라, 어떤 지위를 지니고 있는 개인에게 영향을 미치는 것이다. 따라서 같은 지위에 있는 모든 교사들이나 사무원들에게 동일하게 강요되지 않는 것을 특정 교사나 특정 직원에게 강요할 수는 없다. 동료들의 존재를 무시하고 특정 개인 한 사람에게만 권위를 부여한다면, 정확히 말해서 권력의 남용으로 여겨질 것이다. 권위는 개인이 어떤 직분을 행하고 있다는 범위 내에서 제도적인 구속에 따라야 하는 기능이다. 학교에서도 마찬가지로, 모든 아이들에게 강제되는 것과 같은 보편적인 억압이 아닌 특수한 억압에 대해서는 어떤 아이도 복종하지 않는다. 즉 모든 사람들에게 일정하게 부과되지 않은 억압을 특정 개인에게 요구할 수는 없다. 예를 들어 교사의 권위는 교사 개인으로부터 나오는 것이 아니라 교사라는 직분을 행할 때에만 비로소 교사의 권위를 시행할 수 있게 되는 것이다.

그 결과 학교는, 현대 사회와 마찬가지로 법이나 법규 앞에서는 만인이 평등하다는 원리에 기초를 두고 있다. 이같은 학교 '사회'의 교육 역할에 맞추어 어린아이에게 평등의 의미를 주입시키는 것이 학교의 기능으로 간주된다. 아울러 어떤 역할을 이행하는 행위를 보편적으로 행해지는 개인 행동으로 인식한다는 것은 보편적인 법칙을 준수하기 위해서, 다시 말하면 만인에 의해 인정되고 받아들여지는 방식으로 행동하기 위해서는 아이는 자신의 취향과 개인적인 성향이나 자신의 마음이 이끌리는 것을 초월해야 한다는 것을 의미한다. 즉 아이는 자신을 통제할 수 있는 범위 내에서 아이를 억압하고 있는 본성으로부터 자유로워지는 상태가 되는 것이다.

여기서는 다른 의미에서의 권위의 법적 모델에 대해 살펴보고
자 한다. 어린아이에게 어떤 종류의 사회 역할을, 즉 학생으로서
의 역할을 올바르게 수행하도록 요구하는 사실은 아이의 감정과
생각에는 관여하지 않고 아이의 **행위**(actes)만 관여할 수 있다는
것을 의미한다. 결국 학교에서 아이를 판단할 때는 아이의 심리
상태는 포함시키지 않고 아이가 한 행동만을 가지고 판단하여야
한다. 이러한 사실은 학교는 잠정적으로 아이를 가족의 영향으로
부터 벗어나게 하는 장소라는 사실과 연관시켜, 헤겔로 하여금 매
우 세밀하게 가족을 분석하는 결과를 양산했다.[28] 실제로 애정 관
계로 이루어진 가정은 안전한 장소이면서 아이에게 일정한 행위
와 감정들을 지닐 것을 요구하는 범위 내에서, 또한 이런 가족의
애정이 아이에게 바라는 어떤 요구 사항들을 관철시키기 위한 논
증으로 사용되는 범위 내에서 동시에 아이에게 강한 구속을 가하
는 장소이기도 하다. 왜냐하면 학교는 아이에게 '객관적인' 행동
을 강요하고 아이가 제도 규칙에 순응하는 한에서 학교는 아이의
본질 성향과 일치하지 않기 때문에 결국 학교는 일종의 학교와
가정의 '중간부'(entre-deux)를 형성한다. 즉 학교는 외부 시선을
의식하지 않고 자유로운 의식을 지닐 수 있는 학교만의 고유한
특성을 지닐 수 있게 되었다. 학교 내에서 아이는 선생님과 부모
들에게서 부분적으로 피해 자신의 **사생활**(vie privée)을 전개시켜
나가게 된다.

그것은 교육 관계가 모든 종류의 신뢰나 호감을 없애 버리고

순수하게 기능적으로만 되어야 한다는 것을 내포하지는 않는다. 어린아이에게 자신의 능력과 학업 능력에 대해 신뢰감을 보여 주는 것은 아이의 호기심을 억제시키고 자신을 드러내는 행위를 포기하게 하는 자아검열을 억제시키면서 아이의 학업 능력을 용이하게 올릴 수 있는 분명한 사실이다.[29] 그러나 교사가 아이에게 보여 주는 이러한 신뢰조차도 중립 상태를 견지하는 정신분석학자의 호의적 태도나 의사의 침착한 태도와 마찬가지로 전문적인 역할로 간주된다. 이 때문에 학교는 불가피하게 다른 아이들보다 유독 한 아이에게 관심을 두는 교사의 태도와는 별개로 모든 아이들을 공평하게 대하고 있다는 것을 보여 주어야 한다. 따라서 사회에서와 마찬가지로 학교에서도 노동의 요구와 권위 관계는 행위에 적용되는 것이지 감정이나 사고에 적용되는 것은 아니다. 다시 말하면 사적인 개인에 관련된 것이 아니라 수행하여야 하는 역할을 지니고 있는 개인에 관계된다는 것을 의미한다. 그것은 교사와 학생간에 마음이 결여된 채 동상처럼 굳어진 교사들이 화석처럼 굳은 학생들에게 가르치는 것을 의미하는 것은 아니라 마음과 애정을 가지고 교사의 기능에 임해야 한다는 것을 의미한다.

3. 미셸 푸코의 비판 분석들

18세기 계몽 사상은 판단을 속박하는 대신 자유롭게 판단을 내릴 수 있는 규율 모델을 형성했는데, 이러한 모델은 현재의 제도들이 설립될 수 있는 법적인 근거를 마련해 주었다. 여기서는 위의 규율이 실제적으로 시행되고 있는지 또한 본래의 취지에 일치하여 규율이 행해지고 있는지, 다시 말하면 법에 일치해서 시행되고 있는지를 살펴보고자 한다. 미셸 푸코는 《감시와 처벌》[30]에서 다양한 종류의 규율을 분석하면서 규율이 본래 의도와는 달리 많이 변질되었다는 것을 언급했다. 푸코는 다른 유형의 규율 모델로 17세기부터 재편성 과정에서 첫번째 요소로 규율을 행한 **군대**(militaire)를 지칭했다. 그러나 푸코는 규율을 권력 행사의 특별한 수단으로 보고 규율은 일반 사회 조직에서 행해지는 거라고 주장했다. 이러한 관점에서 규율은 혹독하고 끔찍한 형벌을 사용하지 않는다는 사실로 전통적인 통치 수단으로 쓰인 처벌 형식과는 구별된다. 즉 규율은 개인들에게 충성이나 봉사나 부역을 요구하는 게 아니라 개인의 신체 활동과 장소의 이동, 일과표에 미세한 통제를 실시하는 것이다.

신체와 동작을 통제하는 규율은 부여된 명령이 최대한 빨리 실행되도록 가능한 기계적인 방식으로 명령에 복종하게 하는 데 있다. 따라서 규율은 종속된 자의 사고를 배제시키고 단지 속도와 효과만을 고려한다. 권력을 쥐고 있는 자의 생각과 계획에 따라 조종되는 개인은 자신이 이해할 필요가 없는 책략의 한 요소에 불과하며, 그의 유일한 임무는 전체 구조에서 가능한 고효율을 지닌 도구가 되는 것이다. 군대와 군대에서 실시되는 훈련은 이러한 규율이 가장 분명하게 드러나는 경우에 해당되는데, 군인 개개인의 행동은 기호 체계화되어 있고 군인 개개인의 행동을 서로 연결되게 한 것은 치밀한 계획에 의한 것이다. 더욱이 군인 집단(군대)은 효과를 예측할 수 있는 거대한 기계처럼 군인들간의 행동과 이동을 엄격하게 연결된 형태로 만들어 개인들의 집합체로 조직된 형태이다.[31] 이러한 규율 원리는 18 · 19세기의 학교 조직 내에서도 발견할 수 있는데, 이 당시의 아이들은 생각지 않고 자동적으로 교사가 내린 명령에 순응하는 존재로 간주되었다.

이 규율 모델은 개개인의 능력을 배분시켜 최대한의 유용 효과를 끌어내어 인간의 노동을 영리화시켜 주는 메커니즘적인 모델에 관련된 경제적인 기능을 지니고 있다. 이렇기 때문에 규율은 합리적인 방식으로 운영되고 있는 사회에 전파된다. 특히 노동자들을 전체 계획에 따라 배치시켜 개개인의 활동력을 다른 사람의 활동 결과와 조건에 결부짓는 공장과 대규모의 작업장에서는 이러한 규율이 행해진다. 직공들은 시간과 노력을 허비하지 않기 위해 기계의 움직임에 맞추어 작업을 해나가야 했고, 공장 내에서 직공들의 행동과 이동은 철저한 감시 체계와 기호 체계로 이루어졌다.

마찬가지로 규율은 조직 내에 속해 있는 대규모의 인간 집단을 통제할 수 있다는 점에서 정치적인 기능을 지니고 있다. 이러한 관점에서 감옥은 규율이 제시되는 제도라 할 수 있다. 감옥에서 시행되는 규율은 두 가지 형태로 특징지어진다: 첫째는 엄격하게 구상된 장소에 개인을 격리시키는 것으로, 이러한 지리적인 배치는 이상적으로는 죄수 개개인을 지속적으로 감시할 수 있다는 특징을 지니고 있다. 푸코는 《감시와 처벌》에서 벤담의 한눈에 수 감자들을 감시할 수 있는 '일망 원형 감시 시설' (Panopticon)[32] 건 축 계획안을 길게 언급했다. 벤담이 제시한 원형 감옥은 중심에 는 원통형의 감시 망루를 세우고, 그 망루 주위로 여러 층의 독방 들을 원형으로 배치하고, 각 감방에는 두 개의 창문을 달아 한쪽 은 외부로 향하게 하고 다른 한쪽은 원통 망루로 향한 쇠창살이 쳐진 창문을 하나 달아, 양쪽에서 들어온 빛이 독방에 '스며들어' (transparente) 중앙 원통형의 감시 망루 안에 배치된 감시인은 수 감자의 일거수일투족을 감시할 수 있도록 만들어졌다. 이 원형 감 옥의 또 다른 특징은 원통형의 감시 망루에 배치된 감시인은 외 부에서, 즉 감방에서는 볼 수 없게 되어 있기에 수감자들은 자신 들이 실제적으로 감시당하고 있다는 것을 결코 알지 못한다는 것 이다. 벤담류의 감시 시설은 막강한 통제 효과를 지니고 있는데, 자신이 권력의 가시성 아래 지속적으로 놓여 있다는 것을 자각한 개인은 마침내 이 외부 시선의 위협이나 구속을 은폐하면서 자아 통제하는 습관을 지니게 되는 것이다.

규율의 경제적이고 정치적인 두 가지 기능은 결코 분리시킬 수 없고 그 모델이 적용되는 곳은 어디든지 연결되어 있다. 이렇게 비가시적인 영역들을 최대한 제거해서 개인들과 집단들을 격리 시키는 공간의 세심한 구조는 병영과 노동자 공동 주택지나 공장 지대에 적용된다.[33] 위와 같은 원리에 따른 건축 구조는 비가시적 이고, 예측할 수 없고, 지속적인 통제가 불가능한 집단 행동의 집 단적인 결합을 방지하는 것을 목표로 하고 있다. 이를 위해서는 각 개인에게 지정된 자리를 정해 주어 감시자가 개개인들을 식별할 수 있도록 그들을 개별화시켜야 한다. 이렇게 볼 때 감옥은 사회 조직의 이상적인 모델을 조금도 제시하지 못하는 한계를 보여준다. 경찰 통제의 증가와 개인들과 집단들에 관한 조사 정보나 기록 수집들은 권력의 효과들을 강화하는 이러한 통제를 은폐시키고, 자신의 모든 것이 감시당하고 있다는 것을 알고 있는 개인은 마침내 스스로 감시하게 되는 단계에 이르는 것이다.

규율과 인문과학

이러한 감시 원리는 학교에도 적용할 수 있다. 학교 공간의 장치는 학생들의 일거일동을 감시하도록 조직되어 매순간 학생은 자신도 모르게 관찰당하고 있다는 것을 자각하게 된다. 그러나 이러한 공간의 외형적 구조는 개인에 관한 지식을 구성할 수 있다는 점에서 결정적인 효과를 지니고 있다. 실제로 개개인에게 일정한 자리를 지정해 주어 그들을 구별한다는 것은, 개인들의 행동과 발달 사항을 지속적으로 기술할 수 있는 가능성을 열어주는 동시에 개인들간의 행동을 비교할 수 있는 수단 역할도 한다. 또한 총체적인 규칙에 의거하여 개인을 상호 비교할 때, 여기서 규칙은 최소한의 출발점으로서 기본적으로 지켜야 할 행동(공통적으로 '용납되는' 행동 규칙)이나 혹은 최적 조건의 행동('모범학생'의 품행 양식)처럼 통계적이면서 가장 빈번한 행동을 규정하는 규범을 형성하게 해준다. 다시 말하면, 개개인을 관찰할 수 있

는 원리에 맞추어 공간을 배치한 장치는 개인의 행동 규범을 규
정해 주는 심리학과 과학 교육이 형성되는 데 외형적인 조건이
되는 것이다.

　어떤 의미에서 보면 규율은 법의 영역 밖에 존재하는 것이다.[34]
실제로 규율은 규정에 따라 개인들의 행동과 사건들을 판단하는
게 아니라 개인에 관한 정보를 축적하고, 조사와 통제 과정을 증
가시키면서 개인을 평가할 수 있는 수단과 의도를 지니고 있는
'규범적인' 행동과 관련지어 개인을 특징짓는다. '사법상의' 판
단이 **법**(loi)에 기초하고 있는 반면 '규율 중심'(disciplinaire) 판단
은 **규범**(norme)에 기초하고 있다. 즉 개인에게 법규를 지키라고
요구하는 게 아니라 '학문'의 이름으로 통계와 관찰에 의해 기호
체계화한 '평균적' 행동에 맞추어 줄 것을 요구하는 것이다. 허용
하는 것과 금지된 것을 명확히 구분해 인간의 행위들을 규정하는
법과 규범 사이에는 결정적인 차이가 있다. 즉 규범이 명백히 금
지하지 않는 모든 것을 허용하는 법은 본질적으로 **소극적**(négatif)
인 기준을 지니고 있다. 이와 달리 개인의 자발적이고 솔선하는
행동을 기준으로 삼고 있는 규범은 **실제적**(positif)이라 할 수 있다.
규범은 실제적으로 개인이 지녀야 할 과정이나 방식, 필요한 양
식을 명시하고 있다. 법은 개인들이 법률을 위반하지 않은 상태
에서는 공공 영역과 사적 영역 사이의 경계를 표시하는 것처럼
개인들의 의도와 성향을 명확히 파악할 수 없는 반면, 규범은 실
제적인 기준에 따라 개인들이 지니고 있는 독특한 차이점들에 의
거하여 서열 혹은 단계에 근거한 개인들의 견해를 파악할 수 있

게 한다. 따라서 이렇게 감시 체제가 일반화되는 영역에서는 개
인의 감정과 동기 영역을 구성하는 사적 영역이 사라지게 되는
것이다. 일례로 법은 성적 행동을 억압하지만 규범은 심리학의
도움을 얻어 개인이 정상적으로 가질 수 있는 욕구를 규정하는
것이다. 또한 내적 노동의 행위가 결과로만 나타나는 사적 공간
이 사라지게 되면서 규율은 개인의 동기성에 관련된다. 이런 상
태에서 개인이 자신의 업무를 완수하는 의도 공간, 즉 체계화되
지 않은 '자질구레한 일'(bricolage)을 완수하기 위해 개인 스스로
통제 하는 개인이 의도하는 영역이 사라지게 되는 것이다. 예컨
대 어린아이가 정확하게 글을 쓰기 위해서는 어린이의 모든 행동
——의자에 앉을 때는 어떤 자세로 앉아야 하고, 책상과 의자의
거리는 얼마간 유지해야 하며, 양팔은 어떻게 놓아야 하는 등
——은 사소한 행동에서부터 지녀야 할 자세를 엄밀하게 규정해
놓은 규범에 맞추어 이루어지게 된다.

행위와 권리

푸코는 행위와 권리의 개념을 대립시키면서 다음과 같은 주장
을 펼쳤다: 정치 공동체를 일반 의지 개념에 근거를 둔 사회계약
론은 모든 시민의 평등을 전제로 하고 있다. 그러나 규율 체제는
이러한 형식적인 평등을 제거했다. 다시 말하면, 사법적인 영역
이면에는 끊임없이 은밀하고 효과적으로 신체와 정신을 단련시
키는 규율에 순응하는 사람들과, 이러한 규율을 구성하고 그것으

로 이득을 얻는 사람들 사이에는 근본적인 불평등이 지속되고 있음을 보게 되는 것이다. 이렇듯 일반 의지는 어떤 건축물이나 조직·정보·교육의 실무 규정 같은 사회 집단에서만 세부적이고 지속적으로 전파하려는 의도를 지닌 법률상의 표현으로만 남아 있을 뿐 근본 개념은 희석되어 가고 있다. 이러면서 개인 자신은 인문과학이 여러 행위들을 규범으로 제시한 것들을 내면화시키면서 규율이 확산되는 것에 일조하게 된다는 것이다.

푸코가 언급한 규율의 확산은 루소·칸트·헤겔이 언급한 규율의 모델과는 대립된다. 푸코는 규율은 개인이 사고하는 사생활 영역을 제거해 개인의 행동과 성향이 정해진 규범에 따라 정해지는 자동주의를 양산한다고 주장했다.

그러나 푸코의 분석은 여러 가지 의문점들을 불러일으키고 있는데, 우선 행위와 권리의 대립과 관련해서 실제적으로 감시가 행해지는 시험에 대해 살펴보도록 하겠다. 시험은 교육 실천의 다양성과 이질성을 분명히 드러내 주는 동시에 교육 실천이 대립하는 갈등을 드러내 준다. 한편으로 관찰과 통제의 기술적인 발전과 한계에 관한 사고의 결핍을 인문과학에 의존하는 것은 유용하면서 합법적이다——결국 인문과학의 경계를 넘어서는 것은 해롭고 상궤를 벗어난 것이 된다——는 푸코의 이론을 더 굳건히 한다. 다른 한편으로는, 오늘날 우세하고 있는 규율 모델은 푸코가 18·19세기의 교육 기관의 예에 관해 묘사했던 규율이 아니라 칸트의 이론에서 빌려와 윤곽을 드러낸 모델에 더 많이 근접해 있다. 그 예에 속한 학교——푸코가 검토한 상호 교육 학교(Écoles mutuelles)나 수도원·기독교 학교와 비교될 수 있다——안에서 학습하는 것은 개인이 스스로 자신의 활동 사항을 구성하는 것으로 인식된다. 다시 말하면, 여기에서의 규율은 개인이 이를 수 있는 단계들을 고려하면서 개인에게 일정한 결과에 도달할 수 있는 방법을 지니도록 강제한다. 그것은 결국 개인에게 기계적인 복종을 강요하지 않고 자발적으로 응하게 하려는 목적이 있다. 그러나 이러한 관찰에 대한 논리는 자체적으로 구성되지 못하고 여전히 검토되어야만 한다.

이제 권력에 대한 두 가지 고찰을 전개시키고자 한다: 첫째, 권력의 비판은 사회학·역사학·심리학·철학 분석 등 다양한 형태로 이루어진 사회의 **표상**(représentation)과 특히 교육학 이론에 영향을 미쳤다. 이 교육학 이론은 더 이상 사회의 군대 모델에 가치를 부여하는 게 아니고 자치성을 진정한 중심 사상으로 삼는다. 따라서 교육 권위의 다양한 비평들은 '비판적인 관점'을 발견할 수 있다는 점에서 그 영향력을 부정할 수 없게 되는 것이다.[35] 여기서부터 어떻게 이러한 사회가 그러한 관점을 가능하도록 만들었고, 특히 사회가 어떻게 여론 안에서 시대의 표상이나 철학을 작용하게(agir) 하면서 구성되었는지를 고찰하게 한다.

두번째 고찰은 권력의 실행과 경제 활동 사이에 관계를 맺고 있다. 예를 들어 푸코가 정의한 규율은 경제적인 이익과 정치적인 이익 관계에 동시에 부합한다. 세부적인 활동에 대한 미시적인 통제는 전지전능한 권력의 실행에 일치할 뿐만 아니라 최대한의 수익성을 좇는 활동의 합리화에 부응한다. 그러나 이러한 이해 결합이 여전히 효력을 지니고 있는지에 대해서는 확신할 수 없다. 현대 시대는 노동에 종사하는 직공 스스로 생각하여 작업을 이행하는 것을 가장 효과적인 노동으로 인식하는 경향이 있다. 이렇게 노동의 자동 구조(auto-organisation)를 인정하지 않는 경향은 다른 영역에서의 활동의 통제조차도 제외시키고 있다. 이 때문에 현대 노동자의 이미지는 자발적으로 자신의 일에 임하고 자신의 이득 수지를 계산하는 것에 맞춰져 있다. 어떤 면에서는 노동자는 '표면적으로'(de l'extérieur) 자본주의 경제 원리를 완성해 스스로 이러한 원리를 강요하는 것은 무용하다는 생각에 따라 제 구실을 다한다는 푸코의 주장을 더 견고하게 해준다. 그러나 이 이론에서는 권력의 편재가 노동자의 활동을 억제하는 것으로 인식된 문제가 남아 있다. 그때부터 절대적인 효율성과 감시 체제의 사회의 억압 사이에 모순 관계가 성립된다.

결국 더 멀리 나아가기 위해서는 역사 발전을 인식하는 방식에 기초한 분석을 시도해야만 한다. 푸코는 17세기에서 20세기 초까지의 규율이 기초한 사회가 점차적으로 변화되어 가는 양상을 언급했다. 그러면 개개인을 대상으로서 환언될 때까지 이러한 발전은 지속되었고, 앞으로도 계속 균일하고 규칙적인 발전이 이루어진다는 것을 고려해야 할 것인가? 아니면 현대 사회가 그 결과를 예측할 수 없는 갈등의 시기를 통과했는가? 이와 관련해 힘과 효율성의 논리 사이의 갈등, 합리성에 근거를 둔 사회 생활과 거기에 저항하는 개인 사이의 갈등은 비판적인 사고가 자리잡는 **성과**(succès)를 드러내는 것인가? 사회 발전의 **논리**(logique)는 있는가?

III

아비투스

여기서는 규율과 관련하여 앞장에서 이미 보았던 것과는 다소 다른 관점에서 비롯된 두번째 문제점을 살펴보고자 한다. 가정이나 학교에서 받는 일차 교육과 일반적으로 사회의 압박에 의한 교육은 개인에게 타인과 공존하는 방식, 즉 대화하고 사고하는 일정한 방식에 대한 습관을 지니도록 주입시킨다. 개인의 행동을 형성시켜 나가는 이러한 교육들은 지속적으로 개인의 취향과 반응을 일정한 방향으로 이끌어 주는 것으로 간주된다. 따라서 개인이 어떤 습관을 붙인다는 것은 교육 스타일이나 방식에 접촉하는 것으로 '내면화'(intérioriser)시킨 가치에 따른 행동과 평가 원리에 동화된 상태를 일컫는다. 그러므로 습관이 지속적이고 자발적이고 무의식적인 상태에서 이루어질수록 그만큼 그 원리의 가치는 이론의 여지가 없게 된다. 결국 파스칼적 교육 방법을 적용시킨 교육의 유토피아는 여전히 정신을 형성하고 만들기 위한 토대에 근거를 둔다.[36]

실천과 훈련이라는 간접적인 수단을 통해 얻은 이러한 판단과 사고의 구조는 아이들이 그러한 구조에 대항하여 비판적인 저항을 할 수 없을 만큼 지속적인 양상을 띠고 있다. 어른은 다른 교육이나 가능한 방식과 비교하면서 자신에게 부여된 교육과 순응해야 할 규율에 대해 절대적인 영향을 받지 않지만, 자신에게 강제된 것만을 아는 어린아이는 그만큼 교육자의 권위와 영향력에 지배된다.

이렇게 볼 때 행동 양성 교육을 통해 아이에게 다양한 가치와 원리들을 강제하는 것은 피할 수 없는 사실이다. 표면적으로 가장 통제가 없는 교육조차도 아이에게 적어도 통제가 없다는 사실을 전해 주는 동시에 어떤 '원리'(principe)를 주입시키고 있다. 따라서 여기서는 아이들에게 주입시키는 이러한 원리들의 적합성의 문제, 다시 말하면 선택된 규율 형태를 통해 아이에게 특정한 가치를 주입시키는 사실에 대해 합법적이라고 말할 수 있는 근거는 무엇인가라는 문제에 대해 고찰해 보고자 한다. 이에 대한 답변은 보편성의 문제와 직결된다. 즉 모든 인류에게 통용되는 가치——모든 사람과 모든 공간에서 유효한 가치——들이 보편성을 띠고 있다면 합법적으로 아이들에게 주입시킬 수 있다. 따라서 가치의 적합성 여부를 따져보기 위해서는 먼저 그 가치가 보편적인 경우에 해당되는지를 알아보아야 한다. 학교가 어떤 특정 사회 계층의 생활 방식이나 사고 방식의 특징을 지닌 임의적이거나 혹은 특수한 가치 체계를 아이에게 주입시킨다면 겉으로 보기에 학교는 자유, 특히 정치적인 자유를 습득하게 하는 장소일 뿐이지만, 실제적인 면에서 보면 다른 계층의 아이들에게 이 특정 계층의 '판단 방법'(façon de voir)을 강요해 이 계층의 이득과 지배를 가능하게 하는 도구 역할을 한다.

1. 프로타고라스 이론과 아리스토텔레스의 아비투스 개념

플라톤이 〈대화편〉에서 유명한 소피스트로 등장시켜 설명해 놓은 바 있는 프로타고라스의 논증들은 실천 효과를 통해 공동체 고유의 가치를 주입시키는 교육과 일맥상통하는 이론이다. 프로타고라스는 기본적인 가치 체계의 습득은 전문적이거나 독단적인 교육으로 이루어지는 게 아니라, 교사와 부모간의 상호 보완적인 결합 관계에서 비롯된다고 보았다. 일례로, 부모들이나 유모 · 친척들은 아이에게 도덕 이론을 가르치는 게 아니라 예를 제시하면서 끊임없이 아이를 바로잡으려고 한다. 학교 선생님들은 아이에게 시(문학)에서 따온 올바른 품행 모델을 제시해 아이가 지속적으로 바른 행동 양식을 지니게 하고, 또한 체육과 음악을 가르쳐 신체를 조절하고 균형잡힌 감각을 길러 주어 아이가 자신을 올바르게 지배할 수 있도록 가르친다. 이렇듯 국가의 법률은 은밀히 이루어지건 독단적으로 이루어지건 개인의 품행을 지도하면서 동시에 육체와 정신의 훈육을 완성하는 데 그 목적을 둔다. 고로 가정 · 학교 · 국가는 끊임없이 연속적인 훈련을 통해 아이들에게 정의(diké)와 aidôs, 즉 '자신이 행해야 할 것을 고려하면서 타인을 위해 지닐 수 있는 모든 형태의 존경을 지칭하는'[37]

용어의 의미를 전달하는 데 협력해야 한다. 사람들이 피리를 부는 것을 배워서 연주하는 것과 같은 방식으로 어린아이는 이러한 실천을 통해 공동체의 통일을 이루고 공동체를 영구히 존속하게 하는 덕을 습득하게 되는 것이다.

프로타고라스의 이같은 논증은 아리스토텔레스의 **hexis** 개념이나 라틴 용어인 **아비투스**(habitus)의 관용어법을 이용하여 재구성할 수 있다. 아리스토텔레스 이후로 아비투스 개념은 습관과 훈련으로 획득된 어떤 방식으로 행동하는 지속적인 성향을 의미하게 되었다. 즉 실천을 통하여 개인이 자신의 활동에 의미와 목적을 부여하게 되는 자발적인 태도를 취하게 되는 행동 원리를 의미한다. 그러나 여기서는 상황의 특수성과 관련하여 **방법**(moyens)의 문제가 지속적으로 제기되는데, 한 예로 교육을 많이 받은 사람은 자신이 정직해야 하는지 아닌지에 대해서 자문하지 않을 것이다. 그에게 있어서 정직성은 오른손잡이나 왼손잡이라는 사실만큼 분명한 것이기에, 지금 여기서 정직하기 위해서 해야 할 것을 파악하기만 하면 되는 것이다.

아리스토텔레스는 **아비투스** 개념이 명확한 위치를 차지하고 있는 도덕 이론을 세우면서 획득된 성향 체계들이 개인에 따라서 돈이나 쾌락을 사용하는 것이나, 혹은 명예를 추구하는 것 등에 어떻게 계산의 원리를 작용하고 있는지에 대해 언급했다. 개인의 과거와 교육에 기인하는 일상 생활 안에서 개인이 욕망이나 감정의 균형이나 불균형 같은 일반적인 행동에서 하게 되는 계산은 이렇게 과도한 경향을 띠고 있거나 부족한 경향을 띠고 있거나 혹은 중용 상태에 있다. 이처럼 아이에게 일정한 판단과 활동을 지시하는 **아비투스**를 주입시키는 것은 일반적으로 교육자와 성인의 행위에 속하는 것이지만 결정적으로는 법 행위에 속한다. 실제로 도시국가에서는 "입법자들은 국민들로 하여금 좋은 습관들을 가지게끔 함으로써 좋은 국민으로 만든다. 그것은 바로 모든 입법자들이 바라는 바이고, 그러한 것이 잘 이행되지 않는다면, 그 입법자들은 결국 소기의 목적을 달성하지 못하고 만다."[38] 국가는 결국 근본적으로 교육자가 되어야 하며, 국가의 법은 순수하게 개인에게 행하는 외부적인 강요가 아니며, 마찬가지로 평화적인 협력과 무역 교환을 가능하게 해주는 단순한 규약이 아니다. 즉 국가의 법률은 여러 가지 의미에서의 의지를 가르치는 것으로서, 올바른 국가는 시민으로 하여금 정의와 권리 의식을 가지도록 만든다.

2. 사회학자들에 의해 분석된 아비투스 개념의 재검토

사회학자들은 **아비투스** 개념을 독특한 관점에서 재검토했다. 예로 뒤르켐은 아비투스를 '특정한 시기에 일반적으로 사물들을 보려는(보게 하는) 정신과 의지의 일반적인 성향'[39]이라고 지칭하면서, 이때의 성향은 주어진 시대와 사회의 특징을 띠고 있다는 사실을 강조했다. 이렇게 뒤르켐은 기독교의 **아비투스**에 대해 논하면서, 이 아비투스는 고대 사상에서는 유례를 찾아볼 수 없는 생소한 개종 사상으로 이루어진 '영혼의 태도'(attitude de l'âme)를 구성하고, 동시에 교육의 특별한 개념을 구성한다고 주장했다.[40] 또한 아비투스 개념은 피에르 부르디외의 사회학 안에서 핵심적인 위치를 차지하고 있다.[41] 개인이 속한 사회와 사회 계급에 따라 다른 양상으로 나타나는 아비투스는 존재 방식과 생활 양식을 통해 개인을 사회적으로 구별짓고 특징지어 주는 실용적이고 이론적인 가치를 구체적으로 나타내 준다. 예를 들어 노동의 구속과 물질의 제약을 받지 않는 지배 계층에 속한 사람들의 행동과 존재 방식, 이들의 어조와 말하는 방식에서 이들 계층이 누리고 있는 자유와 안락함이 드러난다. 마찬가지로 지배 계층에 속한 사람들은 문화나 타인들과의 관계를 맺으면서 나타나는 여러 가지 상황이나 일들을 '제2의 천성'인 침착성으로 제어하는 일면을 보여 준다.

바로 여기서 문제가 제기되는데, 프로타고라스 관점에서 보면 시민 국가는 도덕적인 합의와 시민의 합의에 기초한다. 그러나 사회가 계급 사회로 나뉘어지고 사회의 통합은 다른 계층에 대한 어떤 특정 계층의 지배에 의해 실현된다고 간주하면 시민 사회는 프로타고라스의 관점과는 완전히 다른 견해로 제시된다. 이같이 사회가 계급화된다는 개념은 적어도 마르크스주의의 주요 가정을 차용한 현대사회학의 특징을 이루고 있다.

이러한 상황에서 더 이상 정의라든지 사회 관계, 서로간에 의무가 부과되는 것 같은 모든 사람들이 공유해야 할 가치의 총체로 인식된 개념은 존재하지 않게 된다. 사회학자들은 정의가 무엇인가라든지 정의는 어떻게 이루어져야 되는가에 대한 철학적인 문제를 연구하는 대신 지배에 근거를 두는 사회 질서 현상만을 탐구했다. 문화·정치·학교라는 매개체의(médiatique) 영향력과 개인의 행동과 습관을 양성시키는 수단을 통하여 사회 생활을 주입시키는 것은, 지배층이나 피지배층 모두에게 특정 계층이 사회를 지배한다는 논리를 합법적으로 인정하게 하려는 의도가 담겨 있다. 이에 부르디외는 진정한 공동체를 구성하는 가치 체계는 더 이상 존재하지 않고, 불평등한 사회질서를 공동체 고유의 가치로 인정할 것을 강요하는 상황을 증명하려고 애썼다.

부르디외의 학교 비판

이와 같은 견지에서 다양한 사회 계층들이 뒤섞여 있는 장소인 학교는 분석 대상이 되어야 한다. 학교는 국가에 의해 세워지고 통제되는 기관이다. 그러나 국가가 지배 계층의 지배를 존속시켜 주고 강화하는 도구가 됨에 따라 학교도 마찬가지로 국가 안에서 지배자들의 이익을 위한 도구로 변질되었다. 다시 말하면, 권력 실체를 장악하고 있는 계층들을 위한 도구가 되어 버린 학교는 사회 계층간의 계급을 재생산할 수 있게 해주는 장소가 되었다.

학교에서는 안락함, 구별짓기, 기준 가치 체계와의 친밀성, 지배 계층의 언어 규범과 관습 규정에 쉽게 적응하고 어떤 것에 대해 명백하게 추론할 수 있는 재능 같은 실천을 강제하려고 애쓴다. 그러나 이러한 종류의 실천은 경제적·문화적인 혜택을 누리고 있는 지배 계층 출신의 아이들이 보유하고 있는 문화와 언어에 익숙해지는 것을 전제로 한다. 특히 이 실천은 세계와 맺고 있는 어떤 관계 형태를 상징하고 강화하기에, 그 지시 체계와 지식을 잘 알고 제압한다는 것을 전제로 하는 것을 나타낸다. 마찬가지로 어떤 개인이 어려운 규칙으로 이루어진 언어를 '자연스럽고' 용이하게 구사할 수 있다는 것은, 그 개인에게 있어서 사회 규범들은 의식하지 않고도 자연스럽게 몸에 배는 개인의 아비투스가 되었다는 것을 의미한다. 그렇기에 이미 사회 규범이 자신의 아비투스로 형성된 개인은 규범을 잘 지키기 위해 다른 조처를 취하지 않아도 되는 것이다. 그림을 예로 들어 설명해 보면 그림 스타일에 대한 추구, 즉 구상화와 추상화에 대한 취향에 대한 것에는 순수하게 기능적인 것과 물질적인 욕구에 대해 자유롭고 초연하다는 단순히 '무언가를 말하고자 하는 것' 처럼 두 취향간의 거리를 나타내는 구체적인 의미가 형성되어 있다.

거기서부터 양극단을 구성하고 있는 두 계층의 신분을 끌어낼 수 있다. 그 하나는 지배 계층 출신 아이의 신분으로 그 아이의 습관과 일상 태도, 그 아이가 지닌 가치 체계는 학교를 통해 더욱 견고해진다. 이러한 사실은 지배 계층의 아이에게 있어서 학교는 익숙한 영역이 되는 것을 의미하고, 사람들이 그에게 제안하거나 명령을 내리는 것은 그에게는 어떤 의미를 지니게 되는 것이다. 다른 하나는 비생산적인 노동에 가장 인접하게 종사하는 피지배 계층 출신의 아이가 속한 신분이다. 학교에서 제시하는 행동 양식과 지적 발달 과정, 가치 체계들은 모두 이 피지배 계층의 아이에게는 낯선 세계가 되면서 아이는 그 세계에 정착하지 못하고 '표류하게' 된다. 학교에서 강요하는 활동 체계들은 이 아이에게는 아무런 의미를 지니지 못하게 되는 모호한 것일 뿐으로, 아이는 그 상황에 대처할 방법을 찾지 못하고 혼란에 빠지게 된다. 결국 학교에서 제시하는 모든 **도덕**(morales) 조건들은 피지배 계층의 아이에게는 실패하기 위한 조건들일 뿐이다. 그가 이러한 난제들을 극복했다는 것은 특수한 자질을 발휘하여 학교에 적응하려는 엄청난 노력의 대가로 얻어진 것이라 할 수 있다. 이 아이의 특수한 자질과 학교 사회에 적응하기 위해 보여 준 그 수많은 고행은 때로 상류 계층의 학우들을 앞지르는 결과를 낳기도 한다. 이렇게 노동자 계층의 몇몇 아이들은 대학 과정에서 눈부신 학업을 달성해 보다 높은 사회 계층으로 이동한 예를 보여 준다. 이들의 경우는 이미 성공할 수 있는 최적의 기회를 지닌 계층의 아이들을 우대하는 학교가 예외적으로 대우하는 경우에 속한다. 이와 달리 학업에 실패한 피지배 계층의 아이에게는 학교는 단호하게 학교의 임무를 저버릴 것이고, 결국 그 아이는 정상적인 학업 과정을 밟을 수 없게 되면서 중학교 과정부터 배척당한 아이들의 일원이 되거나, 혹은 초등학교 과정부터 소외당하게 될 것이다. 그러나 학교 과정을 통해 어떤 특정 지식들과 실천들이 뛰어난 가치 의미를 지니고 있다고 주입 교육을 받은 이 아이들은, 이러한 종류의 지식들과 실천들을 자신의 것으로 체화시키지 못한 채 자신이 '문화적으로' 하층 수준에 머물러 있다는 것을 자각하게 되면서 사회적으로 하층 계급으로 분류되는 것을 받아들이게 된다.

정치의 이중적인 과정

공화국에서 내린 학교의 정의와 '공적인' 사명——모든 아이들에게 평등하게 지식을 전수한다——이면에는 **정치의**(politique) 이중적인 과정이 은폐되어 있다. 그 한 과정으로 학교는 사회 계층의 등급을 재생산하는 장소이다. 즉 우등생들을 고등 교육 과정과 가능하면 그랑제콜로 가도록 독려하고, 그밖의 다른 학생들은 직업 세계나 아니면 실업자 신세로 전락하도록 내모는 학교는 상류층에게는 유리한 곳이지만 하류층에게는 불리한 곳이 된다. 그리고 상류층과 하류층 사이에는 완전한 교양을 갖춘 층도 아니고, 그렇다고 전적으로 무교양 상태에 있지도 않은 중간 부르주아 계층이 존재한다. 이들 부르주아 계층의 아이들은 학교에서 전해 주는 지식을 자발적으로 엄청난 노력을 통해 자신의 것으로 삼는 학생들로, 가장 칭찬을 많이 받고 가장 근면하다는 특징을 지니고 있다. 그러나 이들은 학교에서 전달해 주지 않은 상류층의 안락함과 구별짓기는 결코 지닐 수 없게 된다. 즉 이들 계층의 아이들은 학교에서 가치를 부여한 상류층의 특수 문화를 습득하지 못하고, 이들이 지닌 지식·문화·대화 방식은 여전히 절망적인 **교과서 수준**(scolaires)에 머물러 있게 되는 것이다.

또 다른 과정으로, 이러한 학교의 메커니즘은 정치 참여에 직접적인 영향을 미친다. 개념적인 언어를 구사할 수 있는 능력은 정치 문제를 이해하고 이것들에 대해 단호한 태도를 취하게 하는 데 **필요불가결한**(sine qua non) 조건임은 분명하다. 그러한 의미 안에서 만인을 교육시킨다는 것에 따르는 논제는 여전히 유효한 민주주의의 토대이다. 시사성에 관련된 사항을 파악할 능력을 지니지 못하고, 만인에 의해 인정된 소통 가능한 보편적인 개념에 자신의 경험을 설정할 수 있는 재능을 지니지 못하고는 순수한 정치적인 위치와 견해를 지닐 수 없게 된다. 다시 말하면 노동 분배라든지 유럽의 통합 문제, 마그리브 지역과의 관계, 교환의 세계화 등 정치적인 제반 문제들과는 직접적인 관련성이 없이 개인의 심리적이고 사회적인 특성들만을 드러내는 피상적인 반응들이거나, 아니면 어떤 개인의 삶의 개념, 개인들간의 관계, 남성과 여성들간의 관계, 부자와 가난한 자들간의 관계, 자국민과 외국인간의 관계 등을 나타내는 도덕적인 감성에 대한 반응만이 있을 뿐이다. 이러한 의미에서 개인들의 정치 생활의 참여는 개인들의 학업 성적, 즉 어떤 특정 문화에 달려 있게 된다. 이 문제에 대해서는 다음장에서 다시 다루겠다. 정보의 습득과 정치 언어를 구사할 줄 아는 능력은 순전히 개인적인 능력에만 좌우되는 게 아니라, 그러한 것들이 존재하는 데 필요한 물질적인 조건과 특히 자유로이 사용할 수 있는 시간의 조건에 좌우된다. 더 깊숙이 들어가 보면, 이러한 것들은 개인이 자신의 가치로 삼는 표상과 사회 공간과 차지하고 있는 위치에 대한 인식에 연결된다는 것을 알 수 있다. 발언하고, 정치적 견해를 형성하고, 가치화시키는 성향은 실제로 발언권을 지니고 있다는 지각과 맥락을 같이한다.

일례로, 여성들에게는 전적으로 가사 노동에만 전념하게 하면서 남성들에게는 정치 견해를 가져야 할 의무를 전가한 것처럼 남성과 여성간의 책임 부분을 명확히 구분한 전통적인 성 분류 방식처럼 이러한 지각은 다양한 요인들에 의해 좌우된다. 남성들에게 '규정된'(statutaires) 책임의 한 부분을 이루고 있었던 정치 견해는 동시에 남성들에게 이러한 규정에 가치를 부여하게 해주었다. 이와 유사한 논리에 따라 대부분 단순 업무 직종에 종사하고 있는 하층 계급에 속한 개인은, 사회 현상을 지배하는 것에 대해 거의 아무런 영향력을 발휘할 수 없게 된다. 따라서 그 개인은 자신의 신분이나 사회적 위치에서의 권위를 지니지 않았기에 행사할 수 없는 형식적인 권리만이 존재하는 정치 문화에 종사하고자 하는 의지를 지니지 않게 된다.

그러나 학교는 이렇게 움직일 수 없는 신분 고정화 체계가 자리잡는 데 많은 기여를 하고 있다. 학교는 실제적으로 개인의 습관과 취향과 생각에 대해 등급을 나누면서 개인에게 개인의 존엄성이나 문화적으로 하층 수준에 머물러 있다는 어떤 고정된 사회 신분 인식을 가지게끔 강요한다. 학교에서의 성공이나 실패는 개인의 발언권이 정당한 것이라는 인식에서 조건지어진다. 거기서 일종의 역설적인 반전이 이루어지는데, 19세기 개혁자에게 있어서 교육은 개개인에게 정치 생활에 참여하게 하는 것이었다. 교육은 분명한 의견을 지니고 심사숙고한 선택에 따라 투표를 한다고 간주되는 시민의 마음속에 올바르게 기능을 다하게 하면서 보통선거의 정당성을 인정하게 했다. 그러나 교육 본래의 취지는 학교가 개인들 사이에 도입한 계급 체제와 개인들에게 부여한 여러 자격의 상징적인 효과로 인해 상반된 결과를 초래했다. "학교에서 수여한 증서(그리고 개인을 보장해 주는 문화)는 그것을 소유한 사람들뿐만 아니라 다른 사람들에 의해서도 암암리에 권한을 행사할 수 있는 합법적인 자격증으로 간주되었다."[42] 학교는 '합법적으로 인정된 증명서'(certificats de légitimité)를 수여하는 곳이기에 학교 교육은 선별 원리로 작용한다. 따라서 학교는 "그 저변에 모든 **정치적 분업**(toute la division du travail politique)과 민주주의 선거의 불공평한 참여의 근거를 이루고 합법적으로 인정하는 곳이다."[43]

3. 사회 교육의 통합과 다양성

이러한 조건에서, 학교 기관의 범주 안에서 이루어지는 시민 교육의 개념을 비판적인 시각에서 다시 고려해 보아야 한다. 이를 위해서는 먼저 일반적으로 사회적인 압력과 학교에 의해 실제로 어떤 가치들이 만인들에게 통용되고 있는지에 대해 의문을 가져보아야 한다. 부르디외는 지식과 사물에 대한 것뿐만 아니라 상황과 개인에 대한 구별짓기와 안락함, 통제 능력의 가치 체계들이 학교에서 통용되고 있는 가치라는 것을 강조했다. 그러나 이러한 안락함과 구별짓기, 사회적으로 통용되는 지식과 귀족주의 문화 관계는 단지 사회가 가치를 부여한 행동 체계라는 특징

뿐만 아니라 개인들간의 **차등**(différence)을 두어 개인들을 선별하기 위한 목적으로 규정된 행동 체계라는 특징도 지니고 있다. 어떤 계층의 사람들은 이러한 행동 체계를 가정이나 학교에서 습득하고, 또 다른 계층의 사람들은 전심전력으로 그것을 획득하지만, 이 행동 체계는 그것에 가치를 부여하지 못하는 **지시체**(référence)로 간주되는 계층, 즉 행동 체계의 실천과 '정신'(esprit)을 자신의 것으로 소유하지 못하는 가장 수효가 많은 계층에 강제된다. 여기서 현대 사회가 모든 사람들과 계층들에게 실제적으로 통용되고 있는 행동 형태에 가치를 부여했는지를 연구해 보고자 한다. 이를 위해 É.베유가 분석한 현대 사회를 토대로 전개시켜 나가겠다.[44]

베유의 현대 사회 정의

모든 사회를 보는 시각은 노동 구조와 생산과 교환의 기술 체계, 노동의 분배 양식에 따라 특징짓는 시각과 종교나 도덕적인 가치 체계에 의해 사회를 인식하는 시각 두 가지로 파악된다. 이 두 가지 시각은 전혀 다른 별개의 것이라 할 수 있는데, 즉 모든 사회는 욕구를 충족시키기 위해 본성이 변형된다는 것에 그 토대를 두고 있지만 노동은 하나의 가치 체계로서 반드시 고려되어야 할 대상이 아니기 때문이다. 18 · 19세기에 이르는 동안에도 대부분의 유럽 사회에서 노동은 빈곤과 연결되어 품위를 떨어뜨리는 활동으로 인식되었다. 일한다는 것은 무엇보다도 과거로부터 계승된 기술의 힘을 빌려 서서히 변화 과정을 겪으면서 본성에 반하여 자신을 **지켜나가**(défendre)는 동시에 기후 조건과 기근이나 질병에 대항하여 나가는 것으로 인식되었다. 유럽의 귀족·평민·농부·농노·성직자·왕자 등 모든 계층에 공통된 가치 체계는 종교적인 것에 그 기원을 두고 있었고, 예로 기독교는 중세 유럽의 일치를 이루는 가치 체계를 지니고 있었다.

현대 사회에 들어와 노동은 사회에서 **진보적인**(progressif) 발전을 하고 있는 사실로 특징지어졌다. 노동은 더 이상 본성에 대항하여 자신을 지켜나가는 개념이 아니라 지속적인 발전을 이루고 있는 기술의 도움을 받아 자유자재로 자신을 다스릴 수 있는 개념이 되었다. 효과의 증대를 위해 작업 분배 양식이 의식적이고 합리적인 방식으로 구성되면서, 현대 사회는 노동과 진보를 중심 가치로 삼으면서 재료와 직접적인 접촉을 하지 않는 가장 '고귀한 귀족'(noble)처럼 모든 불분명한 노동 형태에 대해서는 가치를 부여하지 않았다. 이렇게 노동은 그 자체로서 한 가치를 이루고 있고, 사회는 노동 방식의 합리화를 증대시키는 것에 관심을 두고 있는 상황에서, 정확히 말하면 정치 경제와 사회학 같은 사회 과학의 발전은 현대 사회의 도래와 동시기에 이루어졌다고 할 수 있다. 사회과학이 발달됨에 따라 사회 구조에 대한 객관적인 묘사가 가능해졌고, 더 나아가 사회 구조에 관하여 의식적이고 계산적인 행위를 가능하게 해주었다.

현대 사회에 대해 베유는 **원칙적인**(de principe) 정의를 내리고 있는데, 어떤 사회도 전적으로 현대적인 사회라고 명할 수 있는 사회는 없다. 왜냐하면 그러한 사회는 세계적인 사회가 될 것이기 때문이다. 사실 생산과 교환의 국제적인 구조만이 완전하게 합리화를 이룰 수 있을 것이다. 실제로 사회가 더 현대적이 되어갈수록 똑같은 방식의 노동으로 연결되는 사회 형태를 띠면서 더 밀접한 교류가 형성되는 특별한 사회가 존재한다. 이러한 사회들은 역사 · 문화 · 도덕 · 종교에 있어서의 전통과 그 사회를 특징짓는 언어 · 신앙 · 관습에 의해 구별되기에, 이들 사회는 현대적이면서 동시에 전통적인 특성을 이루고 있다.

또한 이러한 사회들은 '경제적인'(économique) 경쟁 상태에 직면하게 되면서, 보다 더 합리적인 방식으로 생산 조직을 구성하고 기술의 발전이 이루어지도록 독려한다. 경쟁의 압박 속에서 야기된 효과를 증대시키는 것에 대한 연구에서 현대 사회의 두 가지 주요 특징이 나타난다: 우선 현대 사회는 개인들의 교육과 훈련 수준의 증가를 목표로 하는 것에 관심을 가지고 있다는 것이다. 여기서 개개인은 자신의 능력보다 더 나아가 계속해서 학업을 할 수 있도록 균등한 기회를 주어 지식과 능력을 습득하게 한다는 기회의 균등 원리가 나온다. 두번째는, 현대 사회는 사회 이동에 관심을 가져 인적 자원을 최대한으로 활용하기 위해 가장 능력 있는 개인들에게 적합한 직책을 맡기는 문제에 관심을 집중시켰다. 결국 개개인의 능력을 발휘할 수 있고 개개인이 원하는 직책을 담당할 수 있는 것에 지속적인 관심을 기울인다.

현대 사회의 기본적 가치 체계

현대 사회에 대한 위의 분석과 관련하여 **아비투스**를 주입시키는 문제를 다시 다루어 보고자 한다. 이를 위해 다음과 같은 가설을 형성하면서 문제점에 접근해 보겠다. 현대 사회에는 모든 계층과 개인에게 강제되는 가치 체계가 존재하고 있고, 이들 가치 체계들은 노동을 중심 가치로 내세우고 있다. 즉 일에 대한 능력과 효과를 성차별과 인종 차별을 두지 않는 평등 개념에 기초하여 개인이 맡은 직책에 효과적이고 성실하게 임하고, 정직하게 교환을 하고, 사회 규칙을 지켜 모든 공조를 가능하게 하는 것[45]에 그 가치를 두고 있다. 아울러 교육 체계에서 드러나는 사회적 압박은 개인들로 하여금 **자율적으로 계산적인 사람**(autonomie calculatrice)이 되도록 강제하면서 동시에 **사회적 직분의 연대성**(solidarité des fonctions sociales)의 개념을 지니도록 주입시켰다.

이들 가치들은 모든 선진(산업) 사회의 공통된 가치 체계를 이루고 있다. 그러나 그 사회의 역사적인 전통(문화·종교·도덕)에 의해 고유 특징을 지니고 있는 현대 사회는 다양한 사회 계층을 이루고 있는 모든 구성원들에게 적합한 '전통적인 아비투스'(영국 사회의 특징이라든지, 혹은 일본 사회의 특징 등)를 강제한다. 여기서 지배 상황의 재생산은 실제적으로 다른 관습을 지니고 있는 여러 계층의 아이들에게 지배 계급의 전통적인 아비투스를 주입시키는 것을 그 기초로 하고 있다는 가설이 성립된다. 위의 논리에 따라 전통적인 아비투스는 지배적인 위치에 있는 아비투스와 지배를 받고 있는 아비투스로 계급화되어 있다. 현대 사회의 특징을 이루고 있는 가치 체계 중 경쟁 상태와 관련된 것은 여전히 모든 사람들에게 통용되고 있는 가치로, 지금 이것을 전개시켜 나가겠다.

자율적인 계산

현대 사회는 개인에게 일종의 자율적으로 계산하는 행위를 주입시켰다. 자율적으로 셈하는 형식은 개인이 자신의 이득에 대하여 정확한 계산을 한 것을 기초로 해서 자율적으로 행동해 나가는 것을 의미한다. 현대 사회에서 개인은 더 이상 자신의 독특한 전통과 특히 자신의 혈통·가문이나 자신이 속한 사회 집단의 구성원으로서 사회 안에서 한 위치를 차지하는 직업·신분·영향력을 지니고 있는 사람으로 간주되지 않는다. 현대 사회에서 행해지는 사회적인 압박은 개인에게 단순히 계승된 지위에서 벗어나게 해 **혼자 힘으로**(se faire) 지위를 획득하도록 강제한다. 이러한 지위는 **경쟁**(compétition)을 통하여 획득되는데, 개인은 타인과 경쟁을 해서 원칙적으로 자신이 원하는 위치에 도달하고 그것을 유지하기 위해 최대한의 노력을 기울여야 한다. 따라서 이 경쟁에서 지식과 경험의 습득은 투자 가치를 지니게 된다. 개인은 셈을 통해 투자할 것을 결정하고, 자신의 행동에 대한 '결산표'(bilan)와 지나간 시간을 셈하는 것처럼 개인의 전체적인 행동 양

식은 미래와 사회 제도에 대한 대비에 좌우된다. 이러한 논리가
바로 일반적으로 사회에서, 특히 학교에서 이루어지는 경쟁 '정
신'이다. 그러나 경쟁을 한다고 해서 모든 사람들이 최고의 위치
에 도달하는 것을 바라고 있다는 것을 의미하지는 않으며, 여전
히 개인의 야망과 계획은 사회 환경에 따라 다양화된다는 것을
의미한다. 여기서 중요한 점은 개개인은 **셈**(calcul)을 하면서 자신
의 위치를 목표로 정하고 자신의 이득——자산, 안정된 직업, 권
력, 자유 시간 등——을 누릴 수 있기를 희망하는 것이다. 이득
의 종류는 개인이 본질로 간주하는 것에 따라 다양해진다. 여기
서 개인이 스스로 형성한 셈과 사회학적인 분석에 의거한 형식을
검토해 보아야 한다. 일례로, 부르디외는 민중 계급의 생활 양식
과 미래에 대한 성향에 대해 다음과 같이 언급했다: "현재의 욕구
를 미래의 욕구에 종속시키려는 성향은 이 **희생**(sacrifice)이 '합리
성'의 정도에 달려 있다는 것, 즉 **어쨌든**(en tout cas) 현재 희생된
욕구보다 미래에 더 큰 만족감을 얻을 수 있는 가능성에 달려 있
다는 점만을 상기해도 충분하다……. 그날그날 드물게 주어지는
눈앞의 만족('행복한 순간들')을 추구하도록 만드는 쾌락주의는
미래가 없는 사람들, 어쨌든 미래에 대해 기대할 게 별로 없는 사
람들에게는 유일한 철학이다."[46]

이 계산은 똑같은 행동과 절차를 수도 없이 반복해 노동의 효
능과 수행 능력을 자각하고 계산한 것에 기초한 개인의 자발적인
행동에 그 토대를 둔 현대 노동 정신과 같은 맥락에 있다. 기계적
으로 반복되는 단순 노동을 축소시키면서 최대한의 생산성을 얻

을 수는 없다는 관점은, 지속적인 기술 발전이 이루어진다는 관점과 가장 생산력이 높은 노동은 기획 정신과 창의력을 지니고 있는 것으로 간주된 개개 노동자가 모두 참여하는 노동이라는 관점에서 비롯된다. 사회적인 갈등과 저항에도 불구하고 이러한 정신을 확산시키기 위해서는 국가간의 거대한 경쟁 관계처럼 경제적인 경쟁의 실체를 지속적으로 상기시켜야 한다. 이러한 상황에서 현대 사회는 다른 나라들과 비교하여 보다 많은 양의 양질의 제품을 생산해 시장을 확장시켜 나가야 한다는 경제민족주의에 호소하면서 사회의 불화와 대립 관계를 극복해 나가고 있다.

기회 균등과 사회적 유동성

경쟁과 인적 자본의 최대한의 활용으로 특징지어지는 현대 사회는 기회 균등과 사회 이동이라는 원리에 이른다. 경쟁을 통해 가장 능력 있는 개인들을 선별해 어떤 직책을 행하게 하기 위해서는 만인의 교육 수준이 가능한 한 가장 높은 위치에 있어야 하고, 개개인의 출발 기회가 균등하게 이루어지는 것을 전제로 한다. 개인 자신의 능력(이해력 · 작업 능력 · 창의성 등) 한계에서 야기된 장애물을 제외하고는 어떤 차별도 주지 않는다는 사실에 합의를 둔 기회 균등은 사회의 유동성에 기인한 기술의 필요성이나 이같은 현대성에 따른 도덕 의식에 그 바탕을 두고 있다. 그러나 사회학에서 행한 수많은 관찰은 기회 균등은 **원칙적인** 의미로만 남아 있다는 것을 드러내 준다. 학업 실패에 관련된 연구 조사에서 기회 균등은 존재하지 않는 것으로 나타났고, 사회의 유동성에 대한 조사에서는 그 한계성을 여실히 드러내었다. 이 사실은 어떤 사회도 순수하게 '현대적인' 사회가 아니라는 것을 의미하는 동시에 사회는 다양한 영역에서 기회 균등이 존재하지 않는 것으로 나타났고, 전통 사회를 고수하고 있다는 것을 의미한다. 따라서 사회의 유동성은 여전히 세습된 지위라는 무게에 의해 통제를 받고, 기회 균등은 여전히 그 계승된 지위의 중압감에 왜곡되어 있다. 사회학적인 조사 결과는 바로 이러한 사실을 증명하고 있다. 즉 사회 역할과 사회학자의 영향력은 그 사회 원리의 가치가 받아들여지는 것을 전제로 하면서, 사회학은 현대 사회의 원리에 일치하지 않은 사실을 증명한다.

공통된 아비투스

현재 사회의 각 구성원은 자신의 아이들에게 특별한 **아비투스**, 다시 말하면 지리적인 환경이나 사회 환경에 따른 행동 양식과 사물을 보는 방식을 주입시키고 있는 것이 분명한 사실이다. 또한 학교, 다시 말하면 **각각의 학교**는 그 규모나 설립 장소(도시 혹은 농촌), 학생 수 혹은 교사의 인격과 교육 방법, 학교의 고유한 역사와 특별 제도, 초등학교·중등학교·고등 교육 기관에 관련되느냐에 따라 교사와 학생들에게 고유의 영향을 미친다. 또한 가정이나 학교에 의해 주입된 **아비투스** 이외에도 개인이 사회에서 맡은 직책을 행하면서 습관을 들이게 되고 동료들과 친분을 맺게 되면서 습득하는 '**전문적인 아비투스**'가 있는데, 이 전문적인 아비투스는 직업 활동 형태에 따라 고유의 품행을 보유하고 있다.

그러나 현대 사회의 범주 안에서 모든 **아비투스**는 부분적으로는 계산된 것으로 이루어져 있다. 이 사실은 사회가 현대화되면 될수록 계산된 아비투스가 많아지고, 반대로 사회가 전통적인 사회에 더 많이 접근해 있을수록 계산된 아비투스는 적어지게 되는 것을 의미한다. 모든 **아비투스**[47]에 공통된 양상을 보이는 이 계산된 아비투스는 경쟁을 이용하여 만인에게 강요되는 것이다. 그것은 가정과 학교(사립이나 공립)에서 아이들에게 공동체 내에서 다수의 구성원이 지니고 있는 전통적인 가치들을 주입시키고 있다는 것을 부인할 수 없음을 알려 주고 있다. 엄밀히 말해 계산된 아비투스가 모든 개인에게 강요되는 것은 사회 갈등의 현실을 부정할 수 없다는 것을 나타내는 것이기도 하다. 반대로 이 **아비투스**는 사회 갈등으로 야기되는 양상을 검증한다. 즉 폭력을 사용하여 합의에 이르거나, 혹은 혁명적이면서 급진적인 해결책에 더 많은 우위를 두는 데 타협한다면, 모든 사람은 폭력에 들어간 비용이 거기서 예상할 수 있는 이익에 견주어 볼 때 엄청나다는 것을 계산할 수 있다는 것을 내포한다.

사회 교육의 원리

사회 교육 원리의 논점은 우선——아니면 적어도——**셈에 의**

해(par calcul) 사회 구성원들이 모든 정치 공동체의 설립 원리를 비폭력의 원리나 혹은 문제 해결 방식을 **토론**을 통해 한다는 원리에 기초하고 있다는 것을 인식하는 것을 의미한다. **아비투스의** 본 의미에 속하는 계산적인 **아비투스**는 지속적으로 자율성과 예측을 지니게 되는 성향으로, 개인은 아비투스에 따라 자율적으로 자신이 맡은 직책에 정직하게 임하고 효과적으로 일하는 것을 목표로 정할 수 있게 된다. 이처럼 아비투스는 사회를 통해 지속적으로 이해 관계를 잘 이해하고, 이런 이해 관계를 합리적으로 추구하도록 개인에게 주입된다.

아비투스는 도덕적인 고찰에 더 많은 가치를 부여해 신념이나 타인을 존중하는 마음을 지니면서 정직하게 살아가도록 이끈다. 이러한 영역에서, 개인에게 도덕적인 품행을 채택하는 데 그 이치를 부여해 주는 각 공동체의 (도덕적으로나 종교적인) 전통들은 아비투스의 역할을 담당한다고 할 수 있다. 그러나 이러한 전통들은 공동체마다 다양한 양상으로 나타나는데, 예로 프랑스 사회에서 '올바른'(correct) 것으로 여겨지는 어떤 품성은 유대교·이슬람교·개신교·가톨릭교의 '평신도'(laïque)의 도덕적인 관점이나 순수하게 이성적인 철학에 기초하여 고찰된 관점에 의하여 증명될 수 있다. 고로 여기서는 모든 공동체 구성원에 공통된 **아비투스**가 존재하는지, 만약 있다면 이러한 **아비투스**를 어떻게 주입시켜야 되는지를 알아내는 게 중요하다. 이러한 종류의 아비투스는 개인의 도덕 의식과 생각에 호소하는 방식으로는 이루어지지 않는다. 왜냐하면 개인의 도덕 의식과 생각은 올바르다고 여겨진

품성을 채택한 다음에 거기에 반응하여 일어난 행위이기 때문이다. 다시 말하면, 어린아이와 성인은 규범을 존중하게 되면서 그 규범에 따른 실제적인 행동을 보여 주기 시작하고 나서야 규범 준수에 대하여 사회적이고 도덕적인 의미를 부여하기 때문이다. 오랫동안 이 올바른 행동의 주입은 폭력과 매질·협박을 통해 이루어졌다. 현대적인 의미의 훈육과 규율은 개인 상호간에 합의된 이해 관계에 호소하면서 경쟁의 압박을 통해 실시된다. 이렇게 개인은 셈에 의해 사회 평화를 존중하고, 사회의 활동적인 구성원으로 형성되어 가는 것이다.

여기서 학교 규율로 대치되는 이 첫번째 사회 교육의 한계가 발생하게 되는데, 경제 위기라든지 장기간에 걸친 경제 쇠퇴나 우리 사회에 만연되어 있는 기회의 불평등에 대한 영향은 거기에 직접적이든 아니든 개인에게 전체 사회의 진보와 성장에서 제외되어 있다는 느낌을 전해 준다. 이런 상황에서 이미 모든 것은 먼저 이루어진다는 것을 자각하게 된 개인은 사회 역할 안에서 아무것도 얻어들이는 게 없다고 평가를 내리게 되고, 더 나아가 개인들간에 합의된 이해 관계 개념은 개인에게는 아무런 의미를 부여하지 못하게 되면서 더 이상 경쟁을 신뢰하지 않는 지경에 이르게 되는 것이다. 특히 학교 체계에서 행해지는 규율은 거기에 순응하는 완전히 무관심한 개인에게는 아무런 영향을 미칠 수가 없거나, 그 반대로 아무것도 잃을 게 없다고 생각하기에 반란을 선택한 개인에게 규율은 위협을 받게 된다.

사회 역할의 연대성

종종 현대 사회는 개인의 야망과 안락함을 공동체의 의미보다 우위에 두는 '개인주의'(individualiste) 사회로 특징지어진다. 개인주의의 개념이 개인 자신의 이익을 위하여 자신에게 적합한 것을 셈하는 것에 익숙한 상황에서 이루어진다는 범위 안에서 보면 현대 사회를 개인주의 사회로 보는 논점은 맞다. 마찬가지로 현대 사회가 개인에게 연대성의 개념이나 혹은 개인들의 의미, 적어도 개인들의 사회 역할의 개념을 주입시켰다는 가설을 세울 수 있는데, 이 사회 역할을 통해 전체적으로 개인이 사회 기능의 한 요소로서 행하는 노동을 이해할 수 있는 것이다.

위의 가설은 다음과 같은 방식으로 전개될 수 있다: 점점 더 합리적인 조직 양상을 띠어가는 사회 안에서 사회 기능들(재화 · 서비스 생산 · 무역 · 교육 · 건강 등)의 상호 의존 관계는 높아지고, 그 상황 안에서 전체 사회의 안정과 번영은 각자가 맡은 분야에서 자기 역할을 잘 수행하는가에 달려 있다. 개인적이고 부문적(일정한 전문 집단에 속한)인 계산이 위의 사실과 '일치할수록' 개인은 자신의 활동을 국가와 개인(예로 공직에 몸담고 있는 경우)간, 또는 자신과 고객(예로 자유 직업의 경우)간에 맺은 순수한 사적(privé) 계약의 결과로 인식할 가능성이 더 희박해진다.[48] 즉 자신의 야망과 지위 · 임금 등에 대한 요구에 따라 개인은 자신의 상대(국가 · 고용주 · 고객)와 맞서야 하는 것뿐만 아니라, 전체적으로 자신에게 적합한 기능을 보장받기 위해 상호간의 연대성이 유지되는 기능 조직망 안에 합류해야 되는 것을 인식하게 되는 것이다. 개인이 이러한 논점을 분명하게 파악한다면 개인 상호간의 욕구를 자제하게 될 것이다. 다시 말하면, 사회가 점점 더 **조직된**(organisée) 형태로 나아간다는 가설하에 점점 더 계산적으로 되어가는 개인들은 자신들의 활동을 하나의 기능으로 인식할 것이고, 정확하게 말하면 **사회적인**(sociale) 기능으로 인식할 거라는 결과가 나타날 것이다. 즉 개인들은 전체의 연결과는 무관한 순전히 개인적인 계산은 합리성과는 멀어지게 된다는 것을 인식하게 되는 것이다. 결국 계산적인 **아비투스**와 다양한 사회 역할에 대한 연대성의 개념은, 따라서 사회 직업 그룹의 연결된 개념으로 인식해야 한다. 자율적인 계산은 일종의 사회화 형태와 연결되어 있고, 사회화 형태는 개인이 사회에 합류되는 것으로 간주되기 때문이다.

실제로 이러한 원리는 그리 단순하게 실현되지 않는 문제이고, 개인들과 집단들은 공통적으로 뛰어난 도약 상태에 있는 타인들이 존재한다는 것을 고려하지 않고 있다. 개인에게 또 다른 사회 활동이 존재하고 있다는 것과, 그러한 임무(생산·교환·지휘·실행의 임무 등)를 행하는 사람들의 갈망이 존재하고 있다는 것을 상기시키는 것은 사회적인 갈등이 존재한다는 것을 나타내고, 적어도 이러한 갈등이 일어날 수 있는 가능성이 있다는 것을 나타내는 것이다. 사회 역할의 연대성은, 정보(혹은 뛰어난 감각)와 더불어 사회 갈등에서 야기된 실제적이면서 잠재적인 양상을 띠고 있는 폭력의 경험을 통해 개인적인 계산에 들어갈 수 있다. 이 사실은 개인들의 사회화가 빈번히 확장되는 다른 사회 범주의 논쟁적인 시각과 연결되어 나아간다는 것을 나타낸다. 그러나 여기서 고려해야 할 사항은, 개인은 자연적인 요소들이 자신에게 유익한지 아닌지를 배우는 농부처럼 타인들의 갈망을 **고려하는 것**(compter)을 배워야 한다는 사실이다. 왜냐하면 개개인은 사회에 대한 자신의 견해와 타인들이 형성한 사회의 표상 안에 들어가야 할 의무를 지니고 있기 때문이다.

프로타고라스 모델의 유효성

위의 분석들은 프로타고라스의 모델을 재검토할 필요성을 느끼게 한다. 사회 전체는 가정, 학교 체계, 타인과의 일상적인 관계, 법을 가르치고 동시에 사람들에게 법을 존중하는 것을 교육시킨다. 이처럼 사회는 개인들에게 압박을 가하여 노동과 자율적으로 행하는 계산, 사회 역할의 연대성에 기초한 사회 결합의 필요성 등 현대 사회의 특징을 이루고 있는 관습과 가치관들을 주입시킨다.

마찬가지로 법률은 현대 사회의 관습과 가치관들을 개인에게 주입시키는 데에 일조했다. 공동체의 법안에서 모든 공동체의 구성 요소, 즉 역사에서 계승된 공동체의 관습과 전통적인 가치관과 더불어 정치적·사회적인 갈등들이 타협 쪽으로 이끌어진 흔적을 발견하게 된다. 그러나 이러한 갈등과 공동체에 계승된 관습과 가치관의 부산물인 법률은 실제적으로 합리적인 형태를 띠고 있는 동시에 통합과 단일화라는 이상적인 체계를 형성한다.

이 체계는 개인이 의식적이면서 자율적으로 다양한 의견이나 가능한 진행 과정간의 선택을 하면서 자신이 가야 할 방향을 찾아낼 수 있도록 구성되어야 한다. 원칙적으로 실정법은 개인이 어떤 '전략'(stratégie)에 따라 자신의 행동과 미래를 **구성할 수** 있는 방식으로 사회를 조직화하는 것이다.

여기서 프로타고라스의 모델에 신뢰를 부여하면서 제3장 서두에서 제기했던 문제——어린아이에게 특정 가치를 주입시키는 사실에 대해 합법적이라고 말할 수 있는 근거에 대한——에 응답하고자 한다. 전체 사회는 기본적인 행동 양식——성실히 일하고, 일의 효과에 대한 의식적이고 계산적인 추구, 창의성과 타인과의 협력, 규칙의 준수 등——을 교육하고, 학교는 그 행동 양식을 체계적으로 전달하는 것을 대신하는 역할만 담당한다. 이처럼 학교가 모든 현대 사회의 특징을 드러내고 있는 **아비투스**를 전달한다는 조건 안에서 보면, 학교는 특정 계층이나 그룹을 위해 봉사하는 게 아니라 예외 없이 모든 개인들의 이익을 위해 존재하는 것으로 여겨진다.

그러나 '최근의'(récentes) 가치들과 자본주의 정신의 특징을 지니고 있는 활동의 합리화와 연결된 가치들은 특정 국가와 사회 계층, 특히 부르주아 계층의 어떤 특정 양식에 그 기원을 두고 있고, 이러한 특정 가치 체계와 양식들은 경쟁이라는 게임을 통해 **보편화되었다**(universalisées)는 것은 명백한 사실이다. 다시 말하면, 이러한 가치 체계들은 모든 현대 사회에 들어와서 자신들의 이익을 자각하고 더 많은 이득을 낼 수 있는 효과적인 방법을 발견하는 데 전념한 모든 집단의 가치관이 되었다. 각 사회에서 전개되고 있는 내적인 발전은 이러한 사실을 잘 증명해 주고 있는데, 예를 들어 현대의 노동 조합 형태는 합리화와 조직화라는 양상을 띠고 구성된 기업들과 비교된다. 즉 임금을 지불하고 노동력을 '사는'(acheter) 형식으로 노동력을 소유하는 기업과는 달리 노조는 위임자들의 동의를 통해 노동력을 소유한다는 근본적인 차이점이 있다. 그러나 이들 기업과 노조는 합리적으로 정해진 목표치와 위험과 이익을 사전에 계산하기 위해 일에 통제를 가한다는 공통점을 가지고 있다.[49] 그 의미 안에서 계산된 합리성의 정신은 도처에 통용되고 있는 것으로, 현재는 실제 경제 세계(전세계)의 정신으로 통용되고 있고, 개인들에게는 현재 속해 있는 세계에 합류하고 살아남기 위한 필요성으로 강요되고 있다.

사고를 키워 주는 교육

제2장에서 살펴보았던 규율이 어떻게 자유로운 생각을 심어 줄 수 있는가에 대한 문제와 관련하여 아비투스를 주입시키는 문제점이 제기된다. 앞서 제기했던 **아비투스**를 주입시키는 것에 대한 합법성의 문제와 마찬가지로 계산된 **아비투스**가 실제적인 **사고 경향**(disposition)으로 발전될 수 있는지, 혹은 그 **아비투스**가 판단의 훈련을 형성하는지 탐구해 보아야 한다. 이 질문에 대한 답변으로 두 가지를 제시할 수 있다. 계산한다는 것은 생각하는 게 아니기에, 자신의 행동을 셈하는 개인은 아직은 정의 · 권리 · 자유

및 이성적인 정치의 문제점을 올바르게 제기하고 생각하는 개인이라 할 수 없다. 현명한 시민이 되기 위해서는 유능한 노동자가 되는 것만으로는 충분치 않다. 이러한 맥락에서 생산·교환·소비 관계로만 제한된 정확한 셈으로 이루어지는 세계는 분명히 사람이 살 수 없는 곳이 될 것이다. 따라서 한 사회의 합리적인 양상은 사회 노동 구조에 일치한 사회의 뼈대만을 구성할 뿐이다. 이러한 토대에서 계산과 이득 관계의 가치 체계가 아닌 다른 가치들에 기초한 다른 형태의 관계들의 전개를 가능케 하는 데 그 의미가 있다.

이러한 행동과 습관, 합리적이면서 계산적으로 일하는 방식의 확산은 반드시 거기에 이르지 않고도 사고를 가능하게 해준다. 왜냐하면 이러한 효율성에 대한 의식과 자율적이고 계산적인 의식은 결정적으로 **비판적인** 의식이 되기 때문이다. 따라서 그 의식은 순수하게 전통적인 권위와 합리성의 요구와 정치의 구체적인 목적을 파악하는 어떤 능력에 대해 경계를 가지게 하면서, 개인들에게는 여러 분야의 공무에 참여할 가능성을 부여해 준다. 여기서 사회 발전 정도에 따라 실현된다는 것에 기초한 현대 민주주의의 원리가 싹트게 되고, 동시에 고대 민주주의와 현대 민주주의를 구별짓는 기본적인 원리로서도 작용하고 있다. 이에 따라 모든 개체는 노동자로 간주되고, 노동은 실제적인 합리성의 의식——가장 일상적인 행동 안에 만인이 지니고 있다고 간주되는 도덕상의 권리뿐만 아니라 적극적으로 시민권을 행사하기 위해 요구되는 최소한의 능력——으로 간주되는 것이다.

IV

판단력 교육 : 법과 인권

지금까지 이 책에서는 교육의 본질인 지적 요소를 다루는 대신 어떤 조건에서 개인이 자신의 자율성과 판단 능력을 잃지 않고 교육을 받을 수 있는지 알아보는 것에 지면을 할애했다. 정치적이면서 지적인 생활은 논쟁·비판·토론을 통해 더 많은 양분을 제공받기 때문에 이러한 판단 능력에 대한 문제는 실제적인 사실에서 출발시켰다. 이 문제는 결국 자율성과 사고 성향을 어떻게 주어진 정치 공동체 안의 삶에 적응시켜 나가는 것과 양립시킬 수 있는가를 이해하는 것과 관련된다.

따라서 이 장에서는 엄밀한 의미의 판단, 더 정확하게는 전체 공동체에 관련된 일에 관하여 시민이 보유한 판단력에 대한 문제를 제기하고자 한다. 그러나 공무에 관련되면서부터 판단 개념을 명확히 하는 게 어려워지기에 판단을 정의하기 위해서는 무엇을 판단하고 어떤 기준에 따라야 하는지를 정확하게 파악해야 한다. 여기서의 판단 개념은 정치가에 대한 개인적인 성향이나 경제적인 이익을 가져다 주는 정책 때문에 한 정치가를 선택하거나 혹은 여러 가지 도덕적 논리를 들어 정부를 승인한다든지, 아니면 어떤 당의 정치 계획안을 동의하는 것과는 다른 일이다. 따라서 이 장에서는 이미지에 관련된 판단을 제외시키고 판단의 두 가지 주요 유형, 즉 법률적 형태와 **비판적**(critique) 형태의 판단 문제에 전념할 것이고, 다음 제5장에서는 **정치적**(politique) 판단을 규정하고자 할 것이다.

1. 비판적 판단, 정치적 판단

판단의 첫번째 유형은 개인이 규범이나 법 형태 아래 규정된 명확한 기준을 소유하는 것으로, 이때의 판단은 법률상의 유형에 해당된다. 즉 한 개인이나 장관·노조의 행위가 합법적이거나 그렇지 않다거나 혹은 제도의 정신에 일치하거나 일치하지 않는다는 것을 판단하는 근거에 해당된다. 이렇게 지정된 원리나 텍스트를 근거로 삼은 법률적 판단들은 주인의 행동거지를 판단하는 세입자, 헌법에 비추어 법안을 평가하는 국회의원, 인권의 관점에서의 헌법을 평가하는 일반 개인의 경우처럼 그것을 행하는 사람들에 따라 다양한 양상으로 분류된다. 법률상의 판단은 민법에 비추어 판단하는 것, 문자로 표현된 성문법이나 조문화되어 있지 않은 불문법(영국의 경우처럼)에 기초하여 판단하는 것, 헌법적 가치를 지니고 있는 전문에서 착상을 얻어 판단하는 경우(1789년 8월 26일 프랑스에서 제정한 선언의 경우), 때로 (1948년의 세계인권선언처럼) 기존의 법전에 토대를 두지 않고 새로운 시각에서 판단하는 경우가 있는데, 대부분의 판단은 인권 사상에 기초하여 이루어진다. 매번 판단에 대한 관점은 확대되는데, 예로 소유주나 공무원의 행위를 판단하면서 법률에 관련된 특별한 경우에 대하여 판단을 내리고, 인권의 견지에서의 헌법을 판단하면서 도덕적인 사상에 따른 정치 체계에 대한 판단을 내리는 것이다. 법률상 유형의 판단은 이렇게 여러 가지 제도 총체나 그러한 제도의 원리에 기초하여 이루어지는 것이다.

그러나 모든 경우에 있어서는 일반적인 규칙을 특별한 경우에 적용시키는 경우에 해당된다. 그렇기에 규범이 더 일반적이 될수록 그에 따른 판단은 더욱 **부정적**(négatif)이고 **비판적** 성격을 띠는 경향이 있다. 실제적으로 소유주와 차용인의 의무나, 혹은 고용주와 고용인 등에 관한 의무를 명시해 주고 있는 법은 개개인에게 자신의 행동 방향을 정하고 타인들의 행위를 판단할 수 있게 해 준다. 그러나 헌법에 일치한 법안을 판단하거나, 인권에 관련된 정치 체계의 가치를 판단하는 것에 관련될 때에는 그것에 부응하기 위해 **반드시 해야 할 것**(faudrait)을 규정하는 것보다는, 일반적인 원리에 일치하지 않는 것을 명시하는 게 더 손쉬운 일이 될 것이다.

프랑스 헌법의 경우에서 위의 사실을 확인할 수 있는데, 1958년 헌법은 모든 신앙 체계를 존중한다는 사항과 함께 '모든 시민은 출신과 인종·종교의 구별 없이 법 앞에서 평등하다'는 것을 보장하고 있다.(제2조) 프랑스 국가를 구성하는 고유 의미에 해당되는 이 법의 원리는 개인이 공동체에 속한다는 것을 명시적이면서 함축적으로 나타내는 계약 조문의 기본적인 요소로 이루어져 있다. 따라서 이 형식적인 기준 덕택에 시민은 사회 안에서 공동체의 기본 가치 체계에 일치하지 않는 것에 대해 명확한 판단을 내릴 수 있다. 예로 살인자를 종교적인 관점에 따라 유죄 선고를 내리거나 무죄 선고를 내린다면, 그때의 헌법은 분명히 우롱당하는 것임을 파악하게 되는 것이다.

그러나 이러한 원리를 구성하고 있는 실제적인 내용을 규정하는 것에 관련되면서부터 문제점이 발생한다. 즉 헌법 제2조의 예문을 다시 들여다보면, 모든 신앙을 존중한다는 항목과 일반적으로 타인을 존중하고 그의 문화를 존중한다는 항목이 실제적으로 무엇을 일컫고 있는가를 표현하기가 어렵다는 문제가 있다. 공동체를 구성하고 형성하는 가치 체계를 해석하는 경우에 해당될 때, 그 해석은 중요한 일이 되기 때문이다. 실제로 이때의 해석은 명확하게 전체 사회의 조직 모델을 내포하는 것으로 타인에 대한 존중에 부여된 의미에 따라 다양한 문화간에 공존을 이루고 있는 여러 가지 모델에 접근할 수 있게 해준다. 즉 타인의 다른 점을 존중한다는 것은 우선 '각자 자신이 지니고 있는' 위치에 이를 수 있게 되는 것으로, 여기서는 관습이나 신앙의 동질화와 개체와 집단들을 구성하고 있는 정체성이 융화되는 것을 막기 위해 개체들간의 구분짓기에 특권을 부여하는 개체주의(particularisme)나 리저널리즘(régionalisme)이 강조된다. 또 다른 양상으로는 사회 관계의 중요성을 강조하는 모델로, 여기서는 공동체의 삶 안에 개인이 통합되는 것을 만인의 평등으로 해석한다. 따라서 국가의 존속과 통일은 개인이 사회에 통합되는 것과 동시에 사회 관계의 힘에 연관되는 것에 가치를 부여할 것이다. 이들 모델이 유지되기 위해서는 서로간의 차이점들이 완화되고 구분을 짓는 것이 차별로 변형되지 않아야 하며, 결국 다양한 문화간의 소통이 이루어진다는 것이 전제가 되어야 한다. 이 집단 구조에 대한 두 모델 사이의 선택은 **결정**(décision)에 달려 있고, 이 결정에 대한 판단은 판단의 두번째 유형인 정치적 판단에 속하는 것으로, 여기서는 해야 할 것을 결정하는 것을 판단하는 것에 관련된다. 정치적 판단에 대해서는 다시 다루도록 하겠다.

2. 법과 인권

시민 교육은 개인이 자신의 삶의 가장 일상적인 행위에 대해 권리와 의무를 정하는 법과 원리를 인식하고, 동시에 법과 원리가 적용되는 경우를 판별하는 것처럼 법률 체계와 제도에 대한 정보와 최소한의 인식을 지니고 있다는 것을 전제로 한다. 마찬가지로 법이 모든 경우에 있어서 시민의 의무를 명확하게 규정할 수 없는 만큼 시민 교육은 판단 훈련을 전제로 한다. 이처럼 시민 교육은 개개인이 내린 판단간에는 차이점이 있다는 것을 인정하게 하고, 개개인을 각자 처한 특수 상황에서 해야 할 것을 결정짓는 것에 대해 최소한의 '실질적인 지혜'(sagesse pratique)를 갖추고 있는 것으로 간주하는 것이다. 이렇게 다양한 제도에 대한 인

식과 판단할 수 있는 능력은 각자가 속한 사회 생활의 정세를 파
악할 수 있게 해주고, 더 나아가 법에 일치하는 범위 내에서 타인
의 행동과 자신의 행동의 결과를 예측할 수 있게 해준다.

그러나 위의 사실은 실제적인 이해 관계를 지니고 있는 것뿐만
아니라, 개인은 모든 법 제정에 참여하지 않는다는 사실을 나타
내는 것이다. 실제로 개인은 제도에 의해 이미 구성된 조직체 안
에서 태어나고, 개인이 소속된 그 사회는 개인에게 구속을 강제
한다. 개인들이 준수해야 하는 대부분의 법률이 이 경우에 속하
는데, 이미 제1장에서 **자발적으로**(volontaire) 법에 복종하는 것은
정치적인 자유에 관련된다는 것을 보았다. 이처럼 개인이 직접
투표하지 않는 법이나 헌법에 대해 적극적으로 가담하게 하기 위
해서는 법을 구성하는 가치 체계에 대한 개인의 동의와 인정이
이루어져야 한다. 이같은 사실은 개인들에게 있어서는 선택이나
토론의 여지없이 어떤 사회에 소속되면서부터 지켜야 하는 구속
으로 여겨지는 법률을 개인들에게 그 토대 원리에 접근하게 하
고, 그 원리 내에서 개인이 공동체에서 차지하고 있는 위치와 자
신의 자유를 표명할 수 있도록 하기 위해서는 정치 권력이 교육
의무와 여러 제도 같은 법률을 설명해야 할 의무를 지니고 있다는
것을 의미한다.

이같이 법의 원리에 대한 재고찰은 인간에 대한 개념을 고려하
는 것과 연결된다. 대부분의 나라에서는 이 인간 개념을 기초 전문
(1776년 7월 4일 미국 독립 선언의 경우)이나 헌법 전문(1949년 5
월 23일 독일에서 제정한 기본법의 경우)에 기재된 인권 선언 안에

규정하고 있다.[50] 마찬가지로 인권에 대한 기준이 헌법에 의해 명확하게 규정되지 않을 때는 개인의 자유를 제시하는 법률상에서의 보장(habeas corpus[51]처럼)에 의해서나 국제적인 협약의 비준에 의해서 표현될 수 있다.

그러나 그 형태의 경우가 어떤 것이건 현대 국가의 기본 가치는 순수하게 민족적이 되어서도 안 되고, 마찬가지로 특정 공동체에만 있는 고유한 특성을 지니고 있어서도 안 된다. 그 기본 가치는 보편적인 가치를 지니고 있어야 된다. 예를 들어 프랑스인들이 자신들의 민족적인 가치관(인권)을 보편적인 가치로 인식하는 것을 자신들의 특수성처럼 간주한다는 것은, 결국 그것으로서 현대 국가의 특징으로 고려할 수 있다는 것을 나타낸다. 그래서 여러 국가의 각양각색의 법률 체계를 대조해 보면 서로 다른 견해에 대한 토론을 통해 정치적인 면이나 지정학적인 면에서 인간에 대한 다양한 개념 사이에 전환이 이루어진 것을 알 수 있다.

위의 분석이 정확하다면 교육 체계를 통해 민족적인 가치를 전달하는 것은 개인으로 하여금 독특한 정체성을 지켜나가게 하는 것에 그 목적을 두는 게 아니라, 인간의 문제를 근본적인 것으로 보고 민족의 전통이 그 문제점에 관한 견해를 부여하는 세계에 민족의 독특한 정체성을 소개해야 하는 것이다. 따라서 이러한 '가치 체계'는 그 가치들을 활성화시킬 수 있는 보편성이 충족되어야만 의미를 가지게 된다.

이 때문에 시민 교육의 중요한 위치를 차지하는 **인권**은 한편으로 정치 토론의 주요한 테마 중의 하나로 규정되기도 하고, 또한 어떤 것을 판단하기 위한 기준이나 지시체로 인권을 사용하는 국가나 정치 계획이나 법안 또는 일반적인 공동체 조직 안에 제시되는 것이다.

인권 : 논의 대상으로서의 개념

다시 말하면, 인권은 이 책에서 정의하고자 애썼던 비판적 혹은 부정적인 판단의 기본적인 기준을 제시한다. 그러나 여기서는 인권이 제시하는 기준이 견고한가라는 문제점이 제기되는데, 규칙이 법률에 일치하고 있는지를 판단하거나 법률이 헌법에 일치하는지를 판단하는 것과 마찬가지로 그 기준은 법률이나 헌법에 제시된 것과 같은 전문으로 정해지기 때문이다. 따라서 거기에는 각 법률 전문들마다 해석의 차이가 있을 수 있고, 일반적인 규칙을 특별한 경우에 적용할 때는 정확하게 그 특별한 경우를 한정해야 한다는 많은 난점이 있게 된다. 그러나 인권에 따른 정치 체제나 제도를 판단하는 것에 관련될 때의 문제는 다르다. 즉 이 인권은 미국의 독립 선언과 1789년 8월의 프랑스 인권 선언으로 채택된 후 1948년 세계 인권 선언으로 채택될 때까지 선언이나 전문의 대상이 되는 한에서 상대적으로 한정된 판단 기준을 제공하지만, 인권을 시민 교육의 중심을 이루고 있는 한부분으로 간주한다면 거기에는 몇 가지 해결해야 할 근본 문제가 있다.

우선 인권이 기초하고 있는 것에 관해 인지할 필요가 있다. 그것이 이해할 만한 근거를 지니고 있지 못하다면 인권은 부당한 전제 이외에는 아무것도 아니기 때문이다. 이 경우에서 인권은 결국 같은 선상에 개개 인격의 기본적인 권리와 소위 일련의 권리들——환경권, 동물의 권리 등——을 놓아두는 것과 모든 종류의 권리 개념을 제외시키는 효과를 지니고 있는 것들 사이에 한 가지 요구 사항만을 구성한다. 인권에 대한 모든 오해를 피하기 위해서는 바로 이 점을 분명히 명시할 필요가 있다. 환경권이 존재하지 않는다고 주장하는 것은, 공해에 호의적이라는 것을 내포하는 게 아니라 인간이 쾌적하고 건강에 좋은 환경을 필요로 한다는 것을 내포하는 것이다. 그러나 모든 요구를 권리로 표명한다면 국가는 이 모든 요구를 충족시켜야 한다는 것을 입증하는 것이고, 동시에 권리 개념에서 특수성의 개념을 박탈한다는 것을 입증하는 것이다.

또한 인권을 명확히 규정하기 위해서는 시민적·정치적 권리와 사회적 권리 사이에 있는 명백한 대립 관계를 해결하려고 시도해 보아야 한다. 시민적 권리에는 국가가 그 나라의 시민 여부에 상관없이 개개인에게 보장해 주는 **자유**(libertés)로, 법 앞에서 평등할 권리, 권력의 임의성에 대항하여 안전하고 보호받을 권리, 소유권, 사상과 양심의 자유가 포함된다. 정치적 권리는 시민으로 간주되는 개인에게 어떤 **권력**을 부여하는 권리로, 일반 의지로 법 제정에 참여하는 권리, 세금 납부에 동의하는 권리가 포함된다. 정치적 권리는 또한 다양한 생각들을 자유롭게 소통하도록 만인에게 개방된 권리도 포함한다.[52] 사회적 권리는 국가의 권력을 제한하는 것으로 그치지 않고 국가에게 노동권, 교육권, 최소한의 생계를 보장받을 권리를 청구하는 권리이다. 1793년의 인권 선언[53]에 명시되어 있는 인간의 주요한 권리들은 국가를 다양한 개념으로 분류하는 것을 전제로 한다. 즉 시민적 · 정치적 권리는 국가가 시민의 자유를 보장하고, 사회 생활에 간섭할 가능성이 희박한 '자유' 국가 형태에 관계된다. 반면 사회적 권리는 경제 활동과 사회 활동에 많은 간섭을 포함하는 국가 형태에 관계된다. 그렇다면 인간의 권리 사이에서 선택을 해야 하는가?

마지막으로 인간의 권리들에 대한 보편성의 문제를 제기하고자 한다. 특히 인류학과 사회학 같은 인문과학은 다양하고 특수한 문화들이 존재한다는 것을 알려 주고, **문화**(culture)라는 단어는 한 민족이나 사회 집단의 통합을 이루는 실천 · 신념 · 제도의 총체를 의미한다. 관찰자적인 편견에 따라 외국의 문화를 판단하는 민족중심주의의 함정에 빠지지 않으려면 문화의 상대성을 인정하는 방향으로 나아가야 한다. 즉 각각의 문화는 저마다 독특성을 지니고 있기에 한 문화가 다른 문화보다 우월하다고 판단할 기준은 그 어디에도 없다는 것을 인식하는 것이다. 서구 문화를 나타내고 있는 인권과 관련해서도 마찬가지 결론을 끌어낼 수 있는데, 즉 여성 인구가 감소하고 불경한 언사를 쓴 아이들을 하인 상태에 있게 하거나 사형 선고를 내리는 것과 같은 다른 문화권에서 의미를 지니고 있는 어떤 실천들을 비판하기 위한 논증으로 끌어내는 것은 부당한 일이 되는 것이다. 인권이 모든 사람의 권리라면, 상대주의의 이론에도 부응해야 하는 것이다.

인권의 토대

1789년 8월의 인간과 시민의 권리 선언에 명시된 것처럼 인권은 **자연적인**(naturels) 권리이다. 따라서 인간의 본성에 속한 '소멸되지 않고'(imprescriptibles); (제2조), '양도할 수 없는'(inaliénables); (전문) 권리들은 모든 정치 권한에 강요된다. 여기서의 문제점은 자연법(droit naturel)의 개념을 올바르게 해석했는가에 관계된다.

여기서는 레오 스트로스가 《자연법과 역사》에서 자연권을 고전주의와 근대적인 학설로 분류해 두 가지 방식으로 전개시킨 분석을 따르고자 한다.

소크라테스와 플라톤에 기원을 둔 전통 철학에 일치하고 있는 고전주의 학설은 권리 개념에 법률과 긴밀히 결합되어 있는 총체로서, 더 정확하게는 국가의 사법 조직과 정치 체제를 동시에 의미하고 있는 '헌법'(Constitution)의 의미를 부여해 준다. 도시국가와 인간의 본성에 일치하는 헌법이 존재하면서부터 자연법의 개념이 생겨났다. 따라서 자연법 이론은 잘 형성된 공화국과 헌법 체계, 다시 말해 정의 이론과 일치한다.

자연법의 개념을 명확히 하기 위해서는 우선 **자연**(nature)이라는 단어의 용법을 명백히 밝혀내야 한다. 여기서 자연은 근대물리학의 특성을 나타내는 게 아니라 물질주의적이고 기계론적이고 수학적인 용어로 서술할 수 있는 현상의 총체를 나타내는 것이다. 따라서 자연법에서의 자연은 목적론적인 방식으로 이해되어야 하고, 한 존재의 본성을 정의하는 것은 존재가 지향하고 이해할 수 있는 유일한 목표가 되는 것이다. 그렇게 다양한 기능으로 구성된 인간의 본성——욕망·힘·에너지——은 지성에 종속된 것으로 정의된다. 다시 말하면 인간의 본성은 지적 활동(이성을 수반한 활동)과 **theoria**, 즉 사고 활동과 이성 활동 경향을 지니고 있다.

일반적으로 인간을 정치동물로 간주하거나, 천성적으로 공동체를 이루어 살아가는 존재로 간주한다면 도시국가는 자연적으로 생겨난 것으로 볼 수 있다. 그러나 도시국가가 올바르게 형성되면서부터, 즉 '정상적으로 형성된' 인간을 규정하는 기능들을 분류하면서부터 도시국가는 분명하게 자연적인 사실이 된다. '건전한'(sain) 인간의 영혼 안에 이성이 지배하는 것과 마찬가지로, 본성에 일치하는 도시국가는 인간과 도시국가가 동시에 지향해야 하는 선과는 다른 견해를 가진 학자들을 지배하는 도시국가라 할 수 있다. 이 의미에 따라 인간 개체가 진정한 인간 개체로서 실현되는 범위 내에서의 도시국가는 여전히 자연적 사실로, 지식과 지성으로 통치되는 국가 안에서 개인은 자신의 능력에 따라 자신의 지적 성향을 발달시킬 수 있게 되는 것이다.

그러나 여기서 두 가지 문제점이 제기되는데, 첫째 실제로 인간의 **권리**(droit)에 대해서 언급할 수 없다는 것으로, 권리는 헌법에 의해 규정되어 있지만 인간은 그 같은 권리를 지니고 있지 않기 때문이다. 권리의 특징에서 끌어낼 수 있는 것은, 오히려 자신

안에 인간적인 완성을 실현하는 기본적인 '의무'(devoir)라 할 수 있다. 두번째 문제점은 오늘날 부여된 확장된 용어와 관련해 보면, 여기서의 권리는 인간에 관련된 사항이 아니라는 것이다. 인간은 시민과 혼용하여 쓰이고, 인간의 삶은 정치적인 삶과 혼용된다. 고대 그리스인들과 이민족 사이에는 공동체가 형성되지 않았는데, 헬레니즘 왕국에 포함되었다가 뒤이어 로마 제국에 속하게 되었던 도시국가들이 붕괴된 후에야 비로소 스토아 학파들의 세계주의와 기독교를 증거하는 사람들에 대한 무한한 존경심이 확대되면서 보편적인 의미의 휴머니티 개념이 형성되었다.

따라서 스트로스가 근대주의로서의 자연법을 지칭한 것은 개인에게 자연권이 부여된 것을 의미한다. 그러나 근대주의 의미 안에서의 자연법은 17세기부터 발달되기 시작한 본성의 다양한 이해를 전제로 한다. 이때부터 본성은 근대물리학의 방식에 의거하여 본질적인 목적을 지닌 관점으로 이해되지 않고 원인과 결과를 지닌 메커니즘으로 이해된다. 이제 본성의 개념은 더 이상 완벽한 최종 목표 개념에서 출발하는 게 아니라, 인간 행동의 **원동력**(mobiles)에 관련된 원인의 개념에서부터 출발해야 한다. 국가의 탄생을 설명하고 증명하는 원동력은 인간의 본성에 속한 열정이기 때문이다. 그러나 죽음에 대한 공포와 특히 타인에 의해 겪게 되는 변사의 공포심이 인간의 기본적인 열정에 속한다. 그래서 모든 사람의 기본적인 욕망은 자신의 목숨을 보존하고자 하는 욕망이며, 가장 정당한 갈망은 **안전하고자 하는**(à la sécurité) 갈망이 되는 것이다. 결국 자연법은 이후로 살아 있는 개인의 절대적인 권리에 기초하는 것으로 "국가의 역할은 인간에게 덕 있는 삶을 만들어 주고 촉구하는 게 아니라 개개인의 자연법을 지켜 주는 것이다. 따라서 개인의 권력은 엄격히 이 자연법과 다른 도덕적 행위에 의해 제한된다."[54] 여기서 홉스의 주장을 넘어 근대적 자연법 사상을 특징짓는 개인주의와 계약주의(contractualiste) 이론이 성립된다. 개인의 결합으로 이루어진 국가는 일종의 계약이나 사회 계약에 기초하고 있다. 계약의 목적은 개개인에게 안전을 보장하고, 각자의 행복을 추구하는 수단을 보장하는 것이다. (이 인권 개념은 로크에 와서는 소유권을 누리고, 노동을 통해 재산을 무한정 증대시킬 수 있는 가능성을 보장하는 논리로 발전된다.) 이 이론은 국가의 침해에 대항하여 개인을 보호하는 수단으로 인식된 인권의 개념에 기초한다. 그것은 한 단어로 국가에 **대한**(à l'égard de) 자유 이론이라 할 수 있다.

그러나 이 이론에는 두 가지 문제가 제기된다: 첫째는 인간이 이미 공동체 생활을 하고 있다는 것을 전제로 하고 있는 인권은, 엄밀한 의미에서 보면 열정·욕구나 도덕적 행위에 기초하고 있는 자연권이 아니라는 사실이다. 루소는 《인간 불평등기원론》에서 이러한 사실을 잘 보여 주었다. 이 책에서 루소는 자연 상태에서의 인간을 고독하고 평화로운 존재라고 표현하면서, 감정적으로나 지능적으로나 후진 상태에 있는 존재로서 '어리석고 편협한 동물'[55]인 타인들과의 관계는 일시적이고 순간적이라고 주장했다. 확실히 자연 상태에서의 인간은 자유롭고 행복하지만 존재에 대한 인식이 없었다. 따라서 소유욕과 더 많은 것을 소유하고자 하는 욕구, 홉스의 '만인의 만인에 대한 투쟁' 이론과, 이로 인해 야기되는 변사에 대한 공포는 인간의 본성이 아니라 공동체 생활과 불충분하게 형성된 정치 생활의 첫번째 폭력적인 양상을 특징 짓는다고 할 수 있다. 또한 자연권(특히 소유)은 본성 안에 존재하지 않는다. 자연 상태에 있는 인간에 대한 고유 특징——그러나 그 특징들은 결정적이다——으로 자유와 완전성을 들 수 있는데, 즉 발전하는 존재인 인간은 변모하고 진보한다는 특징을 지니고 있다. 무한한 이성의 잠재력을 지닌 인간은 끊임없이 자신의 잠재력을 발달시키면서 진보한다. 그러나 이러한 가능성의 발달이 공동체 생활을 전제로 한다는 것은 이론의 여지가 없는 사실이다.

두번째 문제는 이러한 인권이 엄밀한 의미에서의 권리에 속하지 않는다는 사실에 근거한다. 고립된 개인이 국가에 의해 보호를 받지 못한다면, 그는 엄격한 의미에서 어떤 권리도 지니고 있지 않게 되는 것이다. 아니면 스피노자[56]의 표현을 빌리자면, 그 개인의 권리는 자신이 지닌 힘만큼 멀리 확장되어 있는 것으로, 자신이 지닌 힘으로 자신의 존재를 유지할 수 있는 권리가 결정되는 것이다. 결국 이 이론은 개인의 합법적이고 기본적인 이해 관계만을 확인해 주었을 뿐 진정한 의미(다시 말하면 법률상)로서의 권리를 정의하지는 않고 있다. 지금까지 국가가 전시중일 때 자국의 시민들을 동원하고, 국토의 정비나 방위를 이유로 시민들에게서 땅을 수용하는 것을 멈추지 않았다고 간주한다면 생존권에 대한 문제가 다시 제기된다. 여기서 홉스의 이론을 이용해 볼 수 있는데, 홉스는 죄인에게는 모든 수단을 다 동원해서 공권력에 저항하고자 하는 권리가 있는 것처럼 군인에게도 탈영할 권리가 있음을 인식했다. 이와 달리 1789년의 인권 선언이 '법에 따라 소환되거나 체포된 시민은 누구나 이에 즉각 복종해야 한다: 이에 저항하는 것은 범죄가 된다'(제7조)는 조항을 정확하게 명시한 것을 지적하는 것은 흥미로운 일이다.

자연법의 개념을 보존하고 그 개념을 토대로 인권을 구성한다면 인권은 인간의 자유와 '이성'에서 출발해야 한다. 먼저 자유에 대해서 살펴보면, 칸트는 자유는 인간이 태어나면서부터 지니게 되는 유일한 권리라고 주장했다. 그러나 다른 종류의 권리를 습득해야 하는 조건의 의미에서는 자유로운 존재로서 지녀야 되는 자유권(소유권, 자유롭게 소통할 권리 등)은 절대적인 기본권이 된다고 주장했다.[57] 다른 한편으로 이성에 대한 것을 보면 자연 상태에 있는 인간은 **합리적인** 존재, 즉 이미 이성과 지성이 발달된 존재가 아니라 그것들이 발전할 **가능성이 있는**(peut) 존재로 규정된다. 루소는 자연 상태에 있는 인간을 완벽한 상태의 인간, 즉 잠재적인 이성을 지닌 합리적인 동물로 규정했다. 따라서 자연법은 개인 자신이 이성적인 본성을 지니고 있다고 인식하는 것에 그 토대를 삼는 것이다.

이 원리는 본질적으로 두 가지 사실을 의미한다: 첫째, 개인 자신이 이성적인 본성을 지니고 있다고 인식하는 것은 어떤 **권리로서의** 인식이 아니라는 것이다. 즉 '독립된'(isolé) 개인으로서 자신에 대한 권리를 요구하도록 이끄는 게 아니라 그 권리가 영원히 지속되리라는 것을 표명하는 인식이다. 따라서 이러한 것은 도덕적인 인식으로, 자신과 마찬가지로 타인을 이성적인 존재로 인식하고 타인의 자유와 존엄성을 존중해야 하는 것을 의무로 여기는 인식이 되는 것이다. 다시 말하면, 개인은 자기중심적이고 개인적이고 본성에만 입각한 자신의 이해 관계를 이성에 따라 끊임없이 억제해야 하는 의무로 인정한다는 것을 의미한다. 또한 이 법칙은 만인에 의해 받아들여질 수 없는 것을 절대 요구하지 말 것을 명시하고 있는데, 즉 공동체 내에 더욱 많은 폭력과 대립을 거치지 않고는 결코 만인의 동의를 얻을 수 없는 것은 요구하지 말 것을 명시하고 있다.

타자에 대한 이러한 의무는 개개 인격을 절대적으로 존중하는 의무로, 다시 말하면 항시 타인을 결코 수단이 아닌 한 주체로 여기며 자기 안에 타인을 위한 '도구성'(instrumentalité)과 유용성을 존재의 이유로 인식해야 하는 의무이다. 여기서 두번째 사실을 끌어낼 수 있는데, 칸트가 표명한 것처럼 인권은 그렇게 개인의 도덕적 인식 안에서 형성된다는 것이다.[58] 그러나 인권은 개인이 '독립된'(indépendant) 개체로서 요구하는 권리가 아니라 **다른 사람들**을 인정해 주는 권리이다. 따라서 인권은 개인의 의식 내에서 만인이 서로 존중해야 한다는 의식 안에 즉시 자리잡고 있는 타자에 대한 의무와 일치하는 것이다. 다시 말하면, 인권은 본질적으로 개인 자신의 권위를 지니고 있다는 느낌 안에 형성된다.

인권이 타인의 권리라는 것은 나의 권리가 아니라는 것을 의미한다. 마찬가지로 인권이 나의 권리가 되는 것은 내가 생리학이나 심리학적인 관점에서 뿐만 아니라 이성적인 개체로서 다른 모든 사람들과 유사하기 때문이다. 인권이 사람과 사람 사이의 관계에 기초한다는 의미는 이 관계가 평등(égalité)의 관계에서 이루어진다는 것을 의미하는 것이다. 따라서 타자는 한 개인으로서 나와 동등한 입장에서의 권리를 지니고 있고, 나는 그와 동등하기에 그의 권리는 내 권리가 될 수 있는 것이다. 이 평등 원리에 토대를 두고 있는 인권은 평등 원리에 부여되는 확장된 의미에 의거하여 다양한 양상으로 정의된다. 그 예로 시민적 · 정치적 권리는 모든 시민이 동등한 **자유**를 누릴 것을 요구하는 것이고, 사회적 권리는 여러 가지 불평등한 **상황**(situations)에 대한 감소를 요구하는 권리이다.

시민적 · 정치적 권리와 사회적 권리

여기서는 이미 앞에서 제기했던 두번째 문제점에 대해서 고찰해 보겠다. 시민적 · 정치적 권리는 국가로부터 개인의 자유를 지킬 수 있는 권리이고, 반면 사회적 권리는 국가가 적극적으로 개인에게 관여하는 권리로, 거기에는 개인의 자유가 침해를 받을 수 있는 권력의 확대가 포함된다. 따라서 J. 리베로의 뒤를 이어 A. 르노와 L. 페리가 **자유권**(droits-libertés; 시민적 · 정치적 권리)과 **신뢰권**(droits-créances; 개인에게 국가에 대한 신뢰감을 부여해 주는 사회적 권리)이라고 일컬은 이 두 가지 기본권을 양립시키는 것은 용이하지 않다.[59] 마찬가지로 이 두 가지 형태의 권리는 반대 논리로 보면 억압의 도구로 여겨질 수 있기에, 이 권리 형태를 일치시키는 것은 더더욱 어려운 일이 된다. 실제로 마르크스 관점으로 보면 시민적·정치적 권리는 순전히 형식적인 것으로 가치를 부여하게 된다. 소유 사상과 소통의 자유 같은 권리는 그것을 향유할 수 있는 물질적인 가능성을 지닌 사람에게만 의미를 지니는 권리로, 아무것도 소유하지 못한 자, 즉 학문할 가능성도 없고 신문에 자신의 생각을 표현할 가능성조차 가지지 못한 사람에게는 단지 허상일 뿐이다. 한 마디로 이것은 부르주아 계층의 권리이고, 결국 부르주아 계층의 지배에 기초한 정치 체계를 영구히 하는 데 사용될 권력일 뿐이라고 주장했다.[60] 따라서 '자유주의'의 관점은 사람들을 행복하게 해주려고 전념하는 모든 정치의 위험성을 강조한다. 실상 대중의 행복을 위한 정치는 한번도 충족된 적이 없다. 개인의 사생활의 관여와 자유의 억압, 사회 관계의 철저한 계획화들은 가장 순수한 의도에서 비롯된다는 것을 잘 알고 있다. 따라서 사회적 권리를 주장하는 것은 막대한 힘을 지니고 있는 국가나 전체주의 국가의 방향으로 첫걸음을 내디딘 것으로 간주될 소지가 있다.

그러나 다음의 세 가지 논리에 의거하여 위의 두 가지 형태의 권리 사이에는 진정한 대립이 존재하지 않는다는 것을 증명할 수 있다: 첫째는 인권이 도덕적인 토대에 연결되어 있다는 논리이다. 타자를 이성적인 존재로서의 주체성을 지닌 사람으로 인정한다는 사실은, 그 자체에 의하여 타인의 교육받을 권리를 인정하는 것이다. 왜냐하면 교육은 그 타자에게 생각하고 말하고 소통을 하는 존재로 만들어 줄 수 있기 때문이다. 따라서 개개인의 기본적인 권리 중의 하나는 자유와 더불어 자유롭게 지적인 수단을 소유하는 것이다. 만인은 각자의 재능을 발달시킬 수 있는 교육의 혜택을 받을 수 있어야 하고, 자신이 주체 위치에 있다는 것을 받아들이게 하고, 분별 있는 선택을 할 수 있는 지식과 '혜안'(lu-mières)을 습득하는 혜택을 받을 수 있어야 하는 것이다. 이같은 내용은 1791년 '자유주의' 헌법이 제정된 시대에 콩도르세의 분석으로, 1792년 4월 입법의회에 제출된 공공 제도에 관한 보고서에서 콩도르세는 교육과 제도에 대해 개인들간의 실제적인 평등성의 토대 위에 인권이 형성되지 않는다면 인권은 전적으로 형식적인 권리에 머무를 것이라고 주장했다.[61] 그러나 이 권리에 대한 요구는 일반적으로 사회적인 기본권(사회안전권, 최소한의 생활수단보장권)에 대한 인식에 이르게 하는데, 인격의 발달과 주체의 자율성은 최소한의 물질적인 여유와 안전의 보장을 전제로 하기 때문이다. 결국 개인이 최소한의 여유와 자유로운 시간을 누릴 수 있을 때에만 교육은 구체적으로 가능해지고 그 의미를 지니게 되는 것이다. 교육자들은 최악의 조건에서 살아가고 있는 어린아이들에게 교육을 시키는 것에 대한 한계가 무엇인지를 잘 알고 있다. 그러므로 교육이 **효과적**(efficace)으로 이루어지기 위해서는 먼저 사회적인 권리에 대한 보장이 전제가 되어야만 하고, 타인의 인격을 존중한다는 것은 동시에 두 가지 권리 양식의 근거를 이루는 것이다.

자유권과 사회권 사이의 그 본바탕에는 대립이 존재하지 않는다는 두번째 논리는 개인이 국가에 대항하여 자신을 보호해야 한다는 논리이다. 즉 사회적 권리는 개인에 대하여 권력의 위협이 증대되는 하나의 위험이 될 수 있기 때문에 개인과 국가 사이에 경계를 그어 주는 자연권에 전념해야 한다. 자의적으로 국가를 행정 체제나 관료 체제와 동일시하고 있는 이러한 논증은 모호한 것이 된다. 그러나 국가를 다양한 제도를 지닌 전체 공동체 조직으로 인식한다면 모든 국가 형태를 개인의 자유에 대해 절대적인 위협을 가하는 존재로 간주하지는 않는다. 모든 것은 국가가 여러 제도를 균형 있게 구성하는 방식에 달려 있는 것이고, 결국 여기서의 문제는 개인이 국가에 대항하여 자신을 지켜나가는 게 아니라 보통 법치국가라 일컬어지는 국가의 특수한 형태를 지켜나가는 것이 되는 것이다.

여러 가지 사실에 대한 관찰은 이러한 분석을 증명해 주고 있는데, 그 한 가지로 국가만이 법과 제도 안에 권리를 존중하는 실재성을 부여할 수 있다는 주장을 들 수 있다. 그러나 이 실재성은 현실에서는 만족할 만한 실효를 거두지 못하고 있다. 사람들은 헌법 안에 인권을 엄청나게 확대시켜 규정해 놓았다 해도 현실 상황은 헌법 내용과는 상관없이 이루어진다는 것을 알고 있다. 독재 권력에 대한 도덕적인 비판은 이러한 권력에 **저항**(résistance)을 유도하는 여론을 동원하면서 효력을 나타낼 수 있다. 그렇더라도 그 도덕적인 비판이 국가 자체에 의해 고려되지 않는 **실정법**(positif) 안에 개개 인격을 존중하는 것에 대한 법안을 개정하는 것만으로는 충분치 않다. 따라서 인권을 국가의 영향을 받는 사법적으로 제한시키는 것은 적절치 않다. 구체적으로 행정권과 권력

기구의 행위를 통제하는 조건과 한계를 결정하는 국가는 **법치**(droit)국가로 정의되고, 보다 정확하게는 위에서 사용된 용어에 따라 **입헌**(constitutionnel)국가로 정의된다. 법치국가는 여론의 압력이나 혁명의 위협 아래 법을 제정할 수 있는 것은 분명하지만, 그 법이 실제로 혁명을 야기할 수 있는 제도로 인정되지 않는 한 압력이나 위협만으로는 법을 제정할 수 없다. 두번째 논리에 대한 또 다른 견해는, 시민적·정치적 권리에 대한 인식은 사회 생활 안에 국가 권력의 개입이 없는 중립적인 상태가 된다는 것을 내포하는 것은 아니라는 것이다. 국가는 단지 시민에게 자유 역할 규범을 따르게 하는 중재자로 머무르지 않는다. 이미 앞에서 교육의 문제점과 관련하여 시민 교육 없이는 시민적·정치적 권리는 존재하지 않는다는 것을 알았다. 이에 따라 만인에 대한 교육이 보장되게 하기 위해서는 국가의 개입이 이루어져야 한다는 논리가 형성된다. 1789년의 인간과 시민의 권리 선언에는 시민의 교육권에 대한 조항이 기재되지 않았지만 1791년의 '자유'(libérale) 헌법에서는 시민 교육에 대하여 국가에게 행동을 취해 줄 것을 강요하는 조항을 추가했다. 따라서 시민의 사회 생활 안에 국가가 개입하는 것은 인권 존중 **보장**(garanties)의 일부를 이루고 있는 것이다.[62] 인권 보장에 대한 국가의 개입에 관한 또 다른 예로, 소통의 자유는 정보와 출판 영역에서 이루어지는 실제적인 독점에 대한 투쟁을 전제로 하기 때문에 현재 프랑스 정부는 신문과 잡지 등 언론 매체에 보조금을 지급하고 있다. 요약하면, 기본 자유권에 속하는 시민적·정치적 권리는 사회적 권리와 함께 국가의 실제적인 **행위**(action)를 전제로 한다.

결국 정치 토론장에서 무엇으로 인권에 대한 기준을 삼을 수 있는가? 대부분의 시대에 사람들은 시민적·정치적인 권리의 침해에 대항하여 저항했고, 사회적 권리가 존재하지 않았을 때에는 그러한 권리가 없는 것에 애석해했다. 예를 들어 이란에서는 어린아이들이 보다 나은 조건에서 교육받도록 하기 위한 것보다는 자의적인 사형 집행이 이루어지는 것에 대항하여 사람들이 집결된다. 따라서 인권에서는 자유를 가장 우위에 놓아야 한다. 여기서 두 가지 경우를 구별해야 할 필요성이 생긴다: 인권이 폭력과 독단(정치 야당의 제거나 강제 수용 등)에 희생된 개인을 보호하는 것에 관련될 경우에는 개인이 **법치국가**(État de droit)에서 규정한 법적인 보장과 자유를 누릴 수 있도록 요구해야 한다. 또 다른 경우로 공동체나 소수 민족(유대인·쿠르드족 등)을 옹호하는 것과 관련될 때는 이들 공동체를 위해 시민권, 즉 이들이 살고 있는 지역의 국가에 정식으로 통합을 요구하거나, 아니면 이들 공동체 자체가 하나의 독립국가로 편성될 수 있는 가능성을 요구해야 한다. 이렇듯 개인들과 공동체를 보호하는 것과 같은 이 모든 경우에 있어서 인권의 존중은 법치국가의 요구와 합쳐진다. 실제로 인권의 보편성은 법치국가 개념의 보편적인 가치를 의미한다. 따라서 인권은 도덕적인 개념이자 정치적 개념이기도 하다. 인권은 무조건적으로 인간 존엄성 원리에 기초한 국가의 특정 개념을 규정하기에 인권이 제기하는 문제는 일반적으로 악과 동일시되는 국가에 대항하여 개인을 옹호하는 것이 아니라, **주체**로서의 개인들이 보다 더 **평등하게**(*égalité*) 존중되도록 하기 위하여 국가에게 촉구하는 데 있다.

세번째 논리는 É. 베유의 분석에 의거하여 모든 시민이 원칙적으로 노동자의 신분을 지니고 있는 산업국가에서의 자유권과 사회권에 대한 특징을 살펴보는 것에 관련된다. 군사·정치·경제 영역에서 항시 경쟁 상태에 직면해 있는 이들 국가의 세력은 자국의 기술과 경제 에너지에 의해 좌우된다. 그러나 이 경제 에너지는 생산과 생산력의 증가를 위한 개개인의 적극적인 참여와 지지가 수반되어야 한다. 최근의 역사를 보면 자국의 이익을 자각한 선진국가에서 시민적·정치적 권리와 사회적 권리를 확장시킨 것을 확인할 수 있다. 이 점에 대하여 두 가지 논리로 설명될 수 있는데, 생산과 생산력의 증대를 위해서는 점점 더 많은 교육을 받은 학식 있는 노동자를 필요로 한다는 것과, 국가 전력을 위해 개인의 활발한 참여가 자발적으로 이루어져야 한다는 것이다. 즉 시민에게 일을 해야 한다는 의무를 가할 수 있지만, 일을 **잘**(bien) 해야 한다는 의무를 가할 수는 없는 것이다. 따라서 일의 효율을 높이기 위해서는 사회적 권리(기회 균등, 최소한의 도덕적이고 물질적인 안전)와 노동을 연결시켜 노동을 강제로 해야 하는 의무로서가 아니라 자신의 본분이나 이해 관계로 여기게 해서 개인을 사회에 통합되게 하는 것이 필요하다. 이렇게 확장된 의미 안에서 인권의 존중은 이성에 기초한 도덕적인 요구와 사회적인 요구와 정치적인 속셈에 일치한다. 이러한 논리는 오랜 기간 자국의 자주성에 전념하고 역량 있는 지도자들이 통치하는 선진국가에서만 그 가치를 지닐 수 있기에, 이것은 여러 가지 제한된 조건을 지니고 있다. 이러한 논점을 종결짓기 위해 국가 권력의 증대는 반드시 개인의 권리를 희생시켜 이루어진다는 논증에 따라, 이 국가 권력은 물질적·경제적·사회적인 토대로 이루어졌다는 분석에 비추어 국가 권력에 대한 논증이 재검토되어야 한다. 보다 강력한 국가로 남아 있기를 원하는 일정한 발전 정도를 넘어선 국가는 오랜 기간 축적되어 온 권리, 즉 개인이 기본적 권리라고 여기고, 그 권리의 인식이 집단 노력에 활발히 참여하는 조건이 되는 권리를 감히 무시할 수 없다. 그렇다고 해서 이러한 논증이 통치자의 통찰력과 능력에 기초하고 있다고 주장하는 것은 아니다. 실제 민주주의 체제에서는 모든 것이 통치자들을 선별하는 방식에 좌우되고, 결국 국민에 의해 좌우되는 것이다.

인권의 보편성, 혹은 상대성

여기서는 인권의 마지막 문제점으로 인권의 보편성 문제를 언급하겠다. 인권의 상대주의 학설의 지지를 마련하기 위해 역사학·지리학·인류학·사회학의 범주에서 이루어진 고찰을 이용할 수 있는데, 그 상대주의 학설은 다음과 같이 요약될 수 있다:

다양한 문화가 공존하는 상황에서 어떤 문화가 다른 문화의 우위에 있다는 것을 증명할 수 있는 객관적인 기준은 없다. 인권과 관련되어서도 두 가지 결론을 끌어낼 수 있는데, 그 하나는 인권이 아시아나 아프리카 등 다른 문화권의 양상을 비판하기 위해 상기될 수 없음을 의미하는 것은 인권이 서구 문화를 규정한다는 것을 증명하는 것이고, 또 다른 결론은 유럽인의 눈에는 충격적으로 보일 수도 있는 모든 실천(풍속·관습 등)은 어떤 문화 안에서는 긴밀한 결합을 지니고 있다는 것을 나타낼 수 있다는 것이다. 따라서 이 두 가지 제안은 민족중심주의 거부는 관련된 문화 영역에 대한 이해심을 가지게 되는 것을 증명하고 있다.

상대주의 논증의 범위를 정하기 위해서는 그 논증이 도덕적인 태도를 구축하고 있는지를 보아야 한다. 이 도덕적인 태도는 비판과 관용의 이중적 태도로 나타난다. 우선 비판적 태도는 개인에게 온갖 형태의 이데올로기적 압박에 저항하도록 하는 태도로, 개인은 독단적으로 개인에게 강요하고자 하는 모든 가치 체계를 지니고 있는 것을 파악하게 된다. 즉 전통이나 사상이 어떤 일련의 우연성으로 고유 형태를 지니게 된 것을 알게 될 때, 개인은 그 전통이나 사상의 영향을 별로 받지 않게 되는 것이다. 예를 들어 종교상의 음식 금기가 환경적·경제적 혹은 사회적인 어떤 문맥 안에서 그 형체를 이루고 있을 때, 그 종교적인 금기 문화는 매우 상대적이라는 것을 알게 된다. 이러한 비판적인 태도는 또한 **관용**(tolérance)의 태도를 나타낸다. 이 관용의 태도는 내 자신의 전통에 절대적인 가치를 부여하지 않으면서 다른 모든 관습을 받아들이는 것, 즉 차이를 존중하는 태도이다. 따라서 인문과학, 특히 문화의 상관 관계 인식을 지니게 해주면서 더 나아가 개인의 자주성과 평화적인 공존의 권장을 고무해 주는 역사학·사회학·인류학은 시민 교육의 중심 요소가 되어야 하는 것이다.

　문화의 상관 관계는 하나의 현상이기 때문에 상대주의 논증은 무게를 지니고 있다. 비폭력의 원리에 근거한 어떤 특정 문화에 대한 이해는 그 문화가 지닌 고유한 가치의 관점으로, 그 문화의 실천과 긴밀한 결합을 파악하는 것으로 구성된다. 따라서 다른 문화를 이해하는 것은 각각의 문화에는 차이점이 있다는 것을 인정하고 그 차이를 받아들이는 것이다. 또한 상대주의 개념은 천편일률적인 계몽 연설을 벗어나 어떻게 인간 관계를 교화해 나갈 수 있는가 하는 문제에도 관련된다.

　그러나 학문만이 보편적이라는 것을 암시할 때 이 논증은 한계에 도달한다. 이때에는 차이점에 대한 관용과 인정만이 **유일한** 도덕적인 가치가 될 것이다. 결국 다양하게 사는 방식을 **선택** (choisir)할 수 있는 어떤 기준도, 무엇이든 거부하고 판단할 수 있는 그 어떤 방식도 존재하지 않게 될 것이다. 이러한 주장을 받아들인다면, 이 결론은 관용을 지닌 학자와 일반 사람들이 인권에 반대되는 모든 정치 체계를 **이해될 수 있고**(comprise) 이해되어야만 하는 문화 양상으로 제시되는 것으로 받아들여 그 정치에 대해 호의를 지니는 것으로 규정짓게 된다. 예로 타자에 대한 이해심과는 상관없이 나치즘은 종교 근본주의와 마찬가지로 이해될 수 있는 개념 안에 있다. 따라서 지식인은 이해할 수 있는 모든 것은 받아들여질 수 있는 사실에 의해 이루어진다는 것과 같은 자신의 이해 함정에 빠질 위험이 높게 된다.

　그러므로 인권의 보편성을 이해하기 위해서는 문화의 상대성을 고려하는 동시에, 보편성의 효력이 특정 문화의 영역에만 한정되지 않는다는 윤리적인 원리의 보편성에 대한 인식이 이루어져야 한다. 그렇다고 이러한 인식이 학문적인 진전을 이루는 것은 아니다. 즉 자유·자율성 및 인격의 존중이 일정한 민족이나 사회 집단을 특징짓는 제도와 신앙 관습을 초월한 보편적 가치 체계라는 것을 **증명할**(prouver) 수는 없다. 마찬가지로 학문 영역에서도 자유 개념에 토대를 둔 이러한 가치 체계들의 상관 관계를 아무것도 증명할 수 없는 것 또한 사실이다. 특히 사회학과 인류학은 문화의 상대성과 관련하여 '초월적인' 규범이 존재하는 것에 의문을 두지 않았다. 이러한 규범은 고유의 문화 정착에 관련된 연구자의 **자유와** 학문적인 토론 자체의 객관성과 진리·보편성으로 이루어진다. 객관성이 결코 전체가 될 수 없는 것은 분명한 사실로, 인문과학의 방법론에 관한 비판적인 고찰을 합법화하는 것이다. 그 고유 문화의 결정에 대한 사회학자의 자유가 상대적인 것은, 사회학자가 연구하는 조건 안에서 행해지는 비판적인 분석과 사회학자가 따르는 결정과 관련성을 지니고 있다는 것을 의미한다. 그러나 이 사실은 초월적인 규범의 존재 여부를 부정하는 것은 아니다. 그 반대로 이러한 규범들은 하나의 사실로서가 아니라 끊임없이 접근해 가야 하는 이상처럼 규정될 때부터 정확하게 초월적인 규범으로 제기되는 것이다.

그러므로 인문과학은 결코 자유의 요구이자, 동시에 요구하는 것에 대한 자유일 수도 있는 것에 대하여 아무것도 증명해 주지 못할 것이다. 즉 인문학이 항상 보편화와 여전히 달성해야 할 자유의 형태——결코 실현되지 않았지만——로 제시된다 할지라도 인문학 자체는 자유와 보편성이 가능하다는, 입증되지도 입증할 수도 없는 확신에 토대를 둔다. 인권이 그러한 자유에 대한 확신과 자유를 지켜나가야 하는 의무에 기초를 두고 있는 범주에서, 인문과학은 인문학 고유의 토대를 부정하면서 이같은 권리를 부정할 수는 없다. 그렇게 되면 인문학은 그 무엇에 대항하여 아무 것도 증명할 수 없게 되기에 더 이상 그 어떤 것으로도 인문과학과 문학을 구별할 수 없게 되기 때문이다.

따라서 학문과 권리 사이, 즉 학문에 토대를 둔 다양한 영역에 대한 이해와 인권 같은 원리에 따라 판단할 수 있는 가능성 사이에서는 선택을 해서는 안 된다. 다시 말하면, 학문적인 이해는 무조건적인 동의를 내포하지 않는다는 것을 지속시키면서 학문과 권리를 양립시켜야 하는 것이다. 문화의 상대성과 인권은 같은 범주에 위치하지 않기 때문에 이 둘을 양립시키는 것은 가능하다.[63] 우리의 삶의 방식은 "어떤 논리적인 범주나 생물학적인 범주의 원리도 유일한 삶의 방식으로 강제되지 않고 일하는 방식, 소비하는 방식, 휴식을 취하는 방식, 개인주의, 기술에 대한 매혹은 인간이 살아가는 유일한 방식도 아니고 지각적인 삶의 방식도 아니다"라고 한 부르디외의 표현처럼 자의적인 부분을 포함하고 있다.[64] 그 의미 안에서, 위에서 열거한 삶의 방식과 다른 존재 방식을 비교해 볼 수 있다. 그러나 인격의 존중에 기초한 판단 원리와 우리의 삶의 방식을 판단하는 원리를 같은 범위에 놓아서는 안된다. 왜냐하면 **우리 고유의 삶의 방식**(notre propre façon de vivre)을 판단하기 위해서 인격의 존중에 기초한 판단 원리를 이용해야 하기 때문이다. 예를 들어 사람들은 여자들을 예속 상태로 만드는 어떤 결혼 체계를 비판하는 것과 같은 원리로 생산 목표를 달성하기 위해 개인을 지나치게 착취하는 것을 비난한다. 위 두 가지 경우를 보면, 주체는 그 이름 자체로 인정되는 게 아니라 객체 위치로 변화된다는 것을 알 수 있다. 우리가 기준으로 사용한 도덕 원리는 **비판적인** 판단의 근거를 이루고, 그 원리는 다른 여러 가지 삶의 방식 사이에서 한 가지 방식을 규정하지 않는다. 그것은 마찬가지로 어떤 생활 방식을 채택해야 한다고 언급하지 않는다. 생활 방식은 개개인에 적합한 취향과 독창성에 달려 있는 것으로, 정확하게는 개인이 양육된 관습에 달려 있는 것이기 때문이다. 따라서 이 비판적인 원리는 서구인의 생활 방식과 다른 나라의 생활 방식 안에서 용납될 수 없다는 것을 규정해 준다.

인권의 토대는 무조건적으로 인격을 존중해 주는 것이다. 인권 선언이 명확하면 할수록, 그 선언이 사회 조직이 해야 할 것을 실제적으로 규정하려는 경향이 있을수록 그것은 논쟁을 초래하게 된다. 따라서 비록 경제 구조나 소유 체제에 대해 동의하지 않는다 하더라도 그 어떤 것도 인권의 보편 원리가 보편적 윤리의 원리, 즉 받아들일 수 없는 것을 증명하기 위해 항시 비판적인 관용 어법[65]을 이용할 수 있는 원리를 규정한다는 논리에 대해 반론을 제기할 수 없다. 그 무엇보다도 1948년 파리에서 개최된 총회에서 만장일치로 채택된 세계 인권 선언[66]은 분명하게 원론이 주장하는 것과 실천의 현실 사이에는 어떤 거리가 존재하는지를 알려 주는 예이다. 그러나 그 사실은 문명의 다양성과 문화의 상대주의에도 불구하고 보편적인 윤리의 정의에 대해 **형식적인**(formel) 일치가 가능하다는 것을 알려 주고 있는데, 이것 역시 고려해야 할 **사실**(fait)이다. 이 때문에 인권은 **하나의**(une) 문화가 아니라 우리 문화를 위시하여 **다양한**(des) 문화들을 판단하게 해주는 형식적인 원론을 규정해 주는 것이라 할 수 있다.

V

판단력 교육 : 정치와 문화

앞장에서는 법의 규칙 · 기본법 · 인권처럼 한정된 원리와 기준에 기초한 판단의 첫번째 형태를 집중적으로 살펴보았다. 판단이 현행법과 실정법에 의한 것에 관련될 때는 법에 적합한 것인지 아닌지 판결을 내리는 사법상 형태의 판단에 관련된다. 또한 인권에 의한 것에 관련될 때의 판단은 도덕적 개념, 즉 이성적인 존재로서의 인간의 평등에 대한 개념에 따라 실정법 자체(혹은 정치체계)의 적합성에 토대를 둔다. 따라서 여기서 이루어지는 판단은 법률과 헌법에 의한 것과 마찬가지로 법률에 의거하여 판단을 내리는 것과는 더 이상 관련이 없는 **비판적인**(critique) 판단에 관련된다.

이 비판적인 판단은 **형식적인**(formel) 판단으로 이루어진다. 예를 들어, 법률은 만인이 지식에 접근할 수 있는 만큼의 상태에 있어야 하고, 기회 균등은 가능한 한 실현되어야 한다고 정의하는 것 같은 원리는 어떤 것이 교육에 관한 법의 **내용**(contenu)이 되어야 하는지를 추론할 수 없게 한다. 즉 이 비판적인 판단은 그 원리에 일치하지 않는 것을 규정해 주지만 실제적으로 가장 **훌륭한**

교육 체계가 무엇인지에 대해서는 명확하게 규정하지 못한다.

　명백히 말하면 이 비판적인 판단은 여러 가지 특별한 경우에 한정된 원리를 적용하고 있으면서 동시에 판단하는 자의 관점은 '관객' (spectateur)의 관점이지 '배우' 의 관점, 즉 피지배자의 관점이지 통치자의 판단은 아니라는 특징을 지니고 있다. 실제로 통치 행위의 적합성을 판단하는 것이나 법에 저촉되지 않는 범위에서 정부가 행하는 권력의 합법성을 판단하는 것의 견해는, 분명한 상황에서 행동하고 결정하고 법안을 제시하는 통치자 자신의 견해와는 매우 다르다.

　제1장에서 언급했듯이, 민주정치에서 모든 시민은 잠재적인 통치자로 간주된다는 것은 시민을 단순히 개인적인 선호도, 정치가가 지니고 있는 스타일에 대한 취향, 물질적인 이익 등 개인적인 기준에 따라 판단해서는 안 된다는 것을 의미한다. 아울러 인권의 존중, 정직한 통치 등 사법적이고 윤리적인 기준에 따라 시민을 판단해서는 안 된다는 것을 의미한다. 마찬가지로 자신을 결정해야 하는 통치자의 관점에 대해 판단하는 것을 일컫는 것 같은 다른 기준도 배제해서는 안 된다. 이러한 관점으로부터 **정치적 판단**(jugement politique)의 특성과 관점이 드러난다.

1. 정치적 판단

　정치적 판단의 목적은 어떤 **결정**(décision)에 이르는 것이다. 실제적으로 이러한 결정을 내려야 하는 통치자나 이러한 결정에 대해 찬반을 표명하는 일반 시민의 경우에 정치 판단은 해야 할 것에 대해 의사를 표현하는 것이다. 여러 가지 결정에 이르는 판단은 여러 상황에 의해 제기되는 제반 **문제들**(problèmes)을 해결하려고 하는 것에 의도를 두고 있다. 이에 따라 정치가는 사회·경제·국제적인 문제들을 해결해 행정 조직의 기능을 합리화하고, 사회 안전 체계를 완벽히 하고, 국내외적으로 평화를 보장하고, 전 세계에 국가의 위상과 영향력을 지속시키고, 다른 국가들과 관계를 맺는 것 등을 모색해야 한다. 이와 같이 정치가의 행위에 적용되는 첫번째 기준은 효능의 원리로, 사람들은 우선 정치가에게 실제적인 평화와 번영, 모든 개인들에게 적합한 생활을 할 수 있는 가능성을 보장해 줄 것을 요구한다. 이때 정치가에게 행해지는 비판은 결코 단순한 원리, 즉 정치가의 가장 보편적인 목표가 만인에 의해 공유된다는 것에 있지 않다. 만인은 자유·정의·공공의 번영을 원한다. 그 누구도 노예 상태·불공정함·빈곤을 바라지는 않는다. 따라서 비판은 정의나 번영을 진실로 원하지 않는 것에 대해 비난을 받는 통치자의 의도 실체나 통치자의 자질——정치가가 목표에 이르는 수단을 지니지 않은 것에 대한——을 토대로 하는 것이다. 결국 정치적 비판들은 다른 정치가 더 도덕적이고——언명된 의도에 더욱 일치하고——더 효과적이 될 거라는 것을 나타내는 것이다.

정해진 결정이나 정해야 할 결정을 판단하면서 문제에 접근하는 방식과 문제를 제기하는 방식, 그리고 문제를 해결하는 방식을 판단하게 된다. 이러한 판단은 어느 정도 능력을 지니고 있는 정보 요소와 과학적이면서 기술적인 것에 대한 인식 요소를 필요로 한다. 마찬가지로 '객관적인' 논증의 도움을 받아 평가를 확고부동하게 하기 위해서는 신문이나 정당·전문가에게 의뢰할 수 있다. 여기서 주의할 점은 완전히 다른 견해들을 뒷받침하기 위해서는 이러한 논증들에 특히 수치나 통계가 결여되어서는 안 된다는 것이다. 이렇게 확장된 범위로 보면 경제과학과 사회과학은 정치적인 판단의 미사여구로 이용된다.

그러나 각각의 특수 상황 안에는 통치자의 의도나 통치자가 펼치는 정치의 효능에 대한 평가를 초월하는 목표가 존재하는데, 이러한 종류의 목표는 **정의**(justice)를 규정한다. 정의에 의해 공동 생활의 개념, 즉 개개인에게 자신의 본성(욕구와 능력)에 따라 자신에게 적합한 직종에 종사할 수 있게 해주고 동시에 전체 공동체의 안락한 생활을 보장하는 공동체의 조직 형태를 이해할 수 있어야 한다. 다시 말하면, 정의 문제는 개개의 이익을 전체 이익에 종속시켜서 개별적인 이익에 응하게 하는 것이다. 따라서 특수 문제(새로이 신설된 세금이나 공공 업무에 대한 규정 등)에 대해 논의할 때마다 그 공동 생활이 반드시 존재해야 하는 것처럼 표현되는 그런 방식은 논쟁의 한계에 부딪치게 된다.

정의 문제

명백히 말하면, 정의 원리는 항시 평등 원리를 나타내는 것이다. 그러나 이 원리만으로는 올바르다는 것의 실제적인 정의를 부여하지 못한다. 물론 이 올바르다는 것의 정의는 국가의 법률과 헌법 안에 포함되어 있지만, 정부와 의회의 끊임없는 입법 활동을 보여 주는 것처럼 법은 새롭게 나타나는 당면 문제에 부응하기 위해 지속적으로 개정된다. 따라서 이러한 문제점들에 대처하기 위해서는 끊임없이 정의 문제를 재고해 보아야 한다. 즉 적용된 정의 문제가 **과거의**(passées) 행위들을 판단할 수 있게 해준다면, 마찬가지로 **미래의**(à l'avenir) 정의가 되어야 하는 것을 항시 가정해 보아야 하는 것이다. 예를 들어 새로이 세금을 신설하려고 하거나 교육 체계를 개혁하려고 할 때 국가의 재정 균형을 보장하거나, 시민의 문화 수준과 능력 수준을 향상시키는 것을 보장할 필요성 같은 상황의 제약을 받게 된다. 그러나 이러한 문제들은 단순히 기술적인 조치들에 의해 해결될 수는 없는데, 모든 해결책들은 집단과 개인들 사이의 관계를 변형시키기 때문이다. 그러면 세금 분배는 어떻게 행하여야 하는가? 일방적으로 세금을 매겨야 되는가, 아니면 차등을 두어야 하는가? 세금의 신설과 유사한 문제점들은 교육 체계의 개혁 경우에도 나타나는데, 왜냐하면 교육 체계의 개혁은 교사의 기능을 재고하는 동시에 사회 기능의 분류 안에서 이루어져야 되기 때문이다. 따라서 정의의 모델을 재형성할 때는 한편으로는 전체 이익에 대해 명확히 해야 하고, 다른 한편으로는 이익 문제와 마찬가지로 노동을 정확하게 안배해야 하는 문제를 고려해야 되기에 부분적으로만 재형성된다고 할 수 있다. 여기서 정의 문제는 물질적인 욕구와 공동체 고유의 가치 체계에 따라 개인의 위치를 재정의하는 문제, 즉 어떤 기능이 다른 기능과 관련되어 있어야 하는가? 어떤 역할 단체가 더 많은 이익을 부여할 수 있는가? 같은 문제에 관련된다. 이렇게 사회 기능과 사회 집단의 계급은 결코 정해질 수 없기에 정의는 끊임없이 문제점으로 제기된다.

정의를 구성하고 있는 평등을 이해하는 방식은 두 가지 원리에 기초하고 있다는 것을 주목하면서 이러한 모든 문제에 대한 일반 형식을 끌어내도록 시도할 수 있다. 평등 원리는 산술적인 평등과 비례 평등에 그 토대를 둔다. 산술적인 평등 원리는 만인이 똑같은 신분과 이익을 얻어야 하는 것을 의미한다. 특히 정치 영역에서 민주주의 원리는 만인이 엄격하게 동등한 권리를 지니고 공무에 참여할 수 있게 하는 원리에 입각해 있다. 비례 평등 원리는 계급에 그 토대를 두는 것으로서, 가장 중요한 가치를 지니고 있거나 가장 중요한 임무를 맡고 있는 사람들에게 보다 많은 영예와 이익을 누리게 하는 원리이다.

그러나 이 두 가지 평등 양식은 실제에 있어서는 뒤섞여 있는데, 이렇게 혼합된 '양식'(formule)은 두 가지 조건 형식에 의해 좌우된다. 우선 그것은 효능의 절대필요성, 즉 국가는 정책 수단을 지니고 있어야 한다는 것에 달려 있다. 따라서 국가는 **세력**(puissance)——경제·군사·기술 등——을 유지하는 데 전념하기 위한 수단을 지니고 있어야 한다. 만일 국가가 그러한 정책 수단을 지니고 있지 않다면, 국가는 어느 정도는 국가의 자주성을 포기하게 되는 것이다. 여기에서 사회 경기가 활성화되기 위해서 반드시 개개인에게 자신의 위치를 차지할 수 있게 해주고, 동시에 소득의 불균형을 최대한 좁히는 것에 가치를 부여할 수 있다. 마찬 가지로 어떤 직종에서 요구하는 높은 능력 탓에 특정인만이 그 직무를 행할 수 있는 직종에 가장 능력 있는 사람들이 매력을 가지게 하기 위해서는 그 직종에 가치를 부여하는 동시에, 그 업무를 담당하는 사람들에게 상당한 이익을 부여해야만 한다. 이렇게 '물질적인'(matériels) 절대필요성 견지에서는 산술적인 균형과 비례 균형을 양립시켜야 하는 정의 양식은 결정적인 방식으로 정해질 수 없고, 기술의 발전과 생산 방식·사회 관계에 의해 좌우된다.

그러나 이러한 정의 '양식'은 마찬가지로 공동체 고유의 가치 체계에 달려 있기에 자유 원리에 근거를 둔 모든 공동체는 산술적인 평등 원리로 향한다. 자유는 엄격한 평등 원리에 그 바탕을 두고 있기에, 이러한 자유를 행사하는 조건——정확하게는 그 조건들에 문제가 제기되는 경우——이 불평등할 수 있다 할지라도 자유로운 사람의 신분은 그 이상 그 이하도 아닌 상태에 머무르게 되는 것이다. 그러나 여기서의 문제점은 공동체가 자유를 어떻게 이해하고 있는지를 아는 것에 관련된다. 만일 공동체가 자유와 독단을 동일시한다면, 플라톤이 언급한 민주주의 형태, 즉 개개인 자신이 생각한 대로 행하는 공동체는 환란 상태에 접어드는[67] 직면에 머무르게 되는 것이다. 이에 반해 공동체가 자유를 자율성으로 이해한다면, 다시 말해 만인에 의해 용인된 적합한 원리를 채택하면서 공동체 고유의 법으로 결정된 의지로 이해한다면, 공동체는 모든 시민들을 교육시키는 의무를 지면서 평등을 향해 발전될 것이다. 그러나 이것은 앞장에서 보았듯이, 공동체의 존재 조건은 시민 교육에 관련된 것과 마찬가지로 모든 시민에게 어떤 의미를 지니게 해야 한다는 것을 전제로 한다. 다시 말하면, 그것은 시민들이 계속적으로 이루어지는 생산과 소비 과정에 흡수되지 않는다는 것을 전제로 한다.

다른 한편으로 공동체의 원리로 비례 평등 원리를 채택한다면, 개인들이 누리는 이익은 개인의 가치에 달려 있게 된다. 그러면 이 개인의 가치를 정의하는 문제, 즉 군사적인 가치, 도덕 혹은 종교의 권위, 정치적 가치(국사의 적극적인 참여), 지식과 문화, 재정적인 힘, 명령을 내릴 수 있는 권한과 능력, 진취적 행동과 에너지의 가치 등 어떤 토대에서 개인의 가치를 정의할 수 있는가에 관련된 문제가 제기된다. 분명한 사실은 위에 열거한 개개의 가치 체계들은 개인들간의 다른 계급 양상을, 즉 정의의 다른 측정을 규정하고 있다는 것이고, 마찬가지로 모든 공동체는 단일한 가치 체계가 아닌 기본 가치(스파르타의 군사적인 가치, 플라톤의 국가 인식 등)에 따른 다양한 가치 체계의 계급에 토대를 두고 있다는 사실이다. 여기서 정의의 규정은 당면한 현실과 구속, 그리고 이러한 구속의 압박 아래서의 상황의 발전과 공동체의 역사적인 전통에 달려 있다고 할 수 있다. 따라서 정의의 형식적인 원리가 항상 일정하다 할지라도 구체적인 규정으로 들어가면 그 정의는 일시적인 규정을 지닐 수밖에 없다. 그렇기 때문에 엄격한 의미에서의 정의는 지식 대상이 될 수 없고, 정의의 형식적인 원리만이 거의 수학적인 확실성의 대상이 된다. 정의를 구체적으로 규정하는 것은 역사적인 발전과 특히 지속적으로 사회 조직을 재구성하는 기술의 발전에 좌우되기 때문이다.

논 쟁

여기서 하고자 하는 분석들은 어떤 결정에 이르는 것을 목적으로 지닌 정치적 판단의 주요한 특징들을 결정짓게 해준다. 그러나 정치적 판단의 특징은 이러한 결정이 나오게 하는 원리들이 자체적으로 주어지지 않는다는 데 있다. 정의 개념을 규정하는 이러한 원리들은 과학적으로 설정될 수도 없고, 또 그렇게 될 수도 없기에 정치적 판단은 항상 변화하고 발전되는 상황 속에서 올바른 것에 대해 결정한다. 마찬가지로 정치적 판단은 행위의 목적과 수단, 정의의 구체적인 모델과 거기에서 기인하는 실제적인 해결 그리고 결정 원칙과 결정 자체를 형성한다.

정치적 판단은 진정한 정치과학에 그 토대를 두지 않고 정치과학이 부재한 자리를 논쟁이 대신하면서 영향력을 행사하게 된다. 논의에 참석한 모든 사람들이 대등한 입장에서 자유롭게 표현할 수 있는 조건 아래서 논의는 다양한 견해들을 비교해 줄 수 있기 때문이다. 따라서 논쟁은 도덕·법률·사회·경제 등 다양한 문제의 복잡성과 여러 가지 양상을 파악할 수 있게 해준다. 이렇게 볼 때 논쟁을 통해서만 모든 요소들을 고려한 정치적인 현안 문제점들을 구체적인 방식으로 제시할 수 있고, 동시에 그 현안에 맞는 해결책을 형성하게 해준다는 것을 알 수 있다.

모든 국가들이 이성적인 방식으로 통치된다고 가정해 보면 모든 국가 안에 이러한 논쟁이 자리잡고 있다는 것은 분명한 사실이다. 실제로 아리스토텔레스는 《정치학》에서 군주국가의 군주들은 동등한 신분을 지닌 동료 관계로 이루어진 조언자들에 의해 행해진 토론을 통해 정책을 결정했다는 것을 지적했다.[68] 즉 군주국가——어떠한 이성적인 통치 원리를 따르지 않는 전제정치와 구별해서——의 군주조차도 대등한 신분을 지닌 시민들 사이에서 벌어지는 자유로운 토론의 원리를 인정했다. 여기서의 문제는 이 논쟁에 참여할 수 있는 것을 아는 일이다. 다시 말하면, '동등한 사람들'(égaux) 총체에 어떤 확장된 의미를 부여해야만 하는가를 알아야 하는 것이다.

이미 앞장에서 검토했듯이 É. 베유가 내린 정의에 의거해 보면, 현대 민주주의 원리는 토론의 보편화에 입각한 원리로 개개 시민은 정당한 권리를 가지고 정치 토론의 참여자로 간주된다는 것을 의미한다. 거기에서 개개인은 발언권을 가지고 있을 뿐만 아니라 정책 결정에도 참여할 수 있고, 더 나아가 개개인의 사상들의 상관 관계에 가치를 부여하면서 책임을 지게 하는 것을 의미한다. 따라서 토론은 각자의 다양한 관점들을 비교할 수 있게 해줄 뿐만 아니라 노조나 압력 단체·정당들의 관점들을 비교할 수 있게 해준다. 따라서 논쟁은 법률을 제정하는 장소인 의회에서 그 특권적 위치를 지닌다. 그러나 논쟁은 의회에만 한정되지 않고 일반적으로 공공 생활을 규정하고, 또한 18세기의 카페나 클럽과 마찬가지로 신문·라디오·텔레비전에서도 행해진다. 그러나 그 무엇보다도 논쟁은 정부 활동을 규정하고, 실제로 정부는 논쟁을 이끌어야 한다. 다시 말하면, 정부는 논쟁을 형성하고 논쟁에 활기를 불어넣어 '각료들'(partenaires)과 함께 토론 문화를 이끌어 가는 동시에 지속적으로 정부의 활동을 설명하고 어떤 결정이 내려지고 받아들여지는 지점까지, 즉 적어도 다수에 의해 결론이 내려질 때까지 논쟁을 이끌어 나가야 한다. 이렇게 토론을 형성하고 '지휘하는'(gouverner) 능력은 정부의 정치적 진가를 규정하게 되는 것이다. 배유의 분석에 따르면, 토론은 정부에게 순수한 정치적 권한을 부여하는 것이다.[69] 왜냐하면 토론에 근거를 둔 정치 공동체만 존재하지 폭력을 행사하거나 독재적인 권력으로 특징지어지는 정치적 권한인 폭력에 근거한 정치 공동체는 없기 때문이다.

아리스토텔레스는 또한 민주정치를 이성적인 통치 방식 원리에 따른 정치라고 규정하면서, 보통 사람에 불과한 다수가 모여 토론을 실시해 거기서 나온 다양한 견해들은 소수의 우수한 자들이 낸 견해보다 더 훌륭한 견해를 이루어 제반 문제들의 실체를 명확히 구분할 수 있게 해준다고 언급했다.[70] 이 원리는 두 가지 본질적인 조건에 관련되는 것으로, 특히 H. 아렌트가 지적한 것처럼 이 원리는 국민이 한 집단을 이루지 않는 것, 즉 공포나 열광의 순간처럼 전염의 효과나 전파 기술 덕택으로 만인에게 강요되는 한 가지 견해에 집단적으로 동의하는 개인의 집합체가 되어서는 안 된다는 것을 전제로 한다. 이 경우에 있어서, 민중의 힘은 몽상이나 잔악한 형태로 나타나게 되면서 결국 민주정치는 전제정치(예를 들어 순수 혈통으로 이루어진 인종의 세계 지배)에 길을 열어 주게 되면서 한 가지 사상이나 신화를 취하는 절대적인 권력에 사람들과 제도들이 희생되는 상황이 연출된다. 따라서 민주 정치의 기능에 적합한 첫째 조건은 다양성을 지켜나가는 동시에 다양한 관점에 대한 자유를 보장해 주는 것이고, 그것만이 국민(과 국가)가 현실과의 접촉을 잃지 않도록 보장해 주는 것이다.

민주주의 기능의 두번째 조건은 이미 앞장에서 살펴본 대로, 정치 토론에 참여하는 시민이 어떤 특정 사건이나 특정 정부 조치에 반응하는 것에서 그치지 않고 앞으로 더 나아가는 것을 전제로 하는 것이다. 시민들이 문제의 실체와 복잡성을 파악하지도 않고 전적으로 개인적인 이해 관계에 가치를 부여하는 것으로 그친다면, 통치자만이 다양하고 독특한 의견들을 '종합'(synthèse)해서 내놓을 수 있게 된다. 다시 말하면 통치자만이 **정책안**(projet poli- tique)을 설정할 수 있게 되는 경우는 엄격한 의미에서의 민주주의 와는 관련성이 없게 되는 것이다. 시민이 토론에 참석하고 언론 매체와 노조·정당 등의 수단을 통해 자신의 생각을 표현하고 통치자의 관점을 판단하고, 전체적인 이해 관계와 그 복잡성 안에서 여러 가지 문제를 생각하면 할수록 그만큼 그 국가는 민주주의 체제가 되는 것이다. 또한 이런 체제에서 나온 정책 결정은 단일 계획안에서 나오는 게 아니라 여러 가지 가능한 계획간의 선택에서 나오는 것이다. 이렇게 공동으로 행동 계획을 설정하는 것은 올바른 정치 판단을 가능하게 해주고, 이 올바른 정치 판단은 행위의 목적과 수단을 결정해 주는 동시에 여러 가지 원리와 행위의 실제적인 사항을 결정해 준다. 정치적 판단이 상황의 실체에 적용되면 될수록 더 올바른 정치를 구성하고, 이러한 상황은 공공 토론 안에서 이루어지는 언어를 통해서만 드러난다.

정치적 감성

정치 토론에서 개개인은 특정 상황에 대해 자신이 내린 해석에 가치를 부여하면서 결정된 사항에 대해 판단을 내려야 한다. 이미 앞장에서 정치적 판단은 정의의 모델과 정의를 실행하기 위한 필요한 조처들을 인식하는 목표와 수단을 규정한다는 것을 보았다. 그러나 이러한 판단과 해석은 자발적으로 대다수 시민에 의해 형성된 것이 아니라는 것은 분명한 사실로, 이러한 판단과 해석은 의견이나 의식 등 일반적으로 **정치적 감성**(sensibilité poli-tique)이라 불리는 것의 형태로 표현되기 시작한다. 이러한 정치적 감성은 명백히 규정할 수는 없지만, 그러한 감성이 용납되건 되지 않건간에 사회의 전체 구조를 상징하거나 개인이 자신의 공동체에게 바라는 미래 조직을 상징하는 표현들을 구체적으로 드러내 주는 것이다. 즉 이들 정치적 감성에 대한 표현들은, 정의 이외에도 **평등**(égalité) · **자유**(liberté) · **연대성**(solidarité) 등을 나타낸다. 이 정치적 감성이 논증하는 것에는 변함이 없지만, 이러한 논증은 항시 정치적 감성에 대한 표현이나 제일 먼저 이루어지는 직관을 토대로 이루어지고, 공동체 조직의 전체적인 시각을 함유하고 있는 정치적인 감성은 항시 전문적으로 한정된 특정 문제들

──사회보장제의 재정적 뒷받침, 정보 수단의 특징 등──이 본론을 벗어나게 하는 경향이 있다.

분명히 정치적 감성은 개인의 사회적인 출신과 구체적인 존재 조건을 통해 결정된 부분을 이룬다. 따라서 모든 정치적 감성은 가족의 전통, 직업과 이익 집단의 참여, 특정 정당에 대해 충성을 다하는 것, 감정적인 집착 등 다양한 양상을 보여 준다. 그러나 이러한 정치적 감성은 단순히 순수한 감성이 나타나는 사회 조건, 특히 개인의 출신 환경과 직업 선택을 통해서만 한정되지 않는다. 이러한 논리는 두 가지 논리로 요약할 수 있는데, 첫째로 정치적 감성은 여전히 특수한 상황 안에서 올바르게 결정하는 것에 관련된다는 논리로, 정치적 감성은 항시 예기치 못한 새로운 공동체 문제들──비록 이 문제들이 과거의 문제들과 유사하지 않다 할지라도──에 대응하는 것으로 나타난다. 따라서 정치적 감성은 공동체의 새로운 조직 원리를 함유하고 있다. 두번째 논리는 정치적 감성을 현대 사회의 **시기**(temps)와 관련을 맺고 있는 것으로 보는 논리이다. 진보·발전·성장이라는 표현으로 사고하는 것에 익숙해져 있는 현대 사회는, 그 사회의 쇠퇴에 대해서 말할 때조차도 '예전의 좋은 시절'(bon vieux temps) 신봉자들을 제외하고, 이 쇠퇴에 대해서 영원히 지속되는 불변의 범주로 관련 지어 생각지 않는다. 즉 여기서의 쇠퇴는 어떤 희망의 대상으로──혹은 이미 되었던──발전할 가능성으로 간주되는 것이다.

따라서 정치적 감성은 **앞을 내다보는**(prospective) 감성에 속한다 하겠다. 즉 상황들을 보거나 느끼는 것은 전통적인 방식 안에 뿌리박혀 있지만, 현재의 조건 안에서 이러한 전통을 재해석하고 적용하는 것으로 이루어져 있는 것이다. 그것은 주어진 직업의 범주의 이익에 따라 형성되지만 어느 정도는 사회의 혼동된 전체적인 시각을 투사한다. 또한 이 전체적인 시각은 미래의 시각을 나타내고 있기 때문에 전통과 관습을 끊임없이 재해석하고 재형성하여 새롭게 함양하는 정치적 감성은 우리에게 익숙한 국가와 사회의 '계속되는 형성'(création continue)의 원리를 포함하고 있는 것이다. 따라서 이 정치적 감성은 미래의 구조 원리를 이루고 있기에 예측될 수 있는 원리들을 함유하고 있다. 이러한 논리에 대해 이러한 원리들은 **정의 · 평등 · 자유**처럼 끊임없이 재해석되는 단어들을 상징하는 정치의 환상이나 신화적인 표상 형태로 표현된다. 이러한 이유로 정치적 감성이 스스로 정책안을 설정하거나, 혹은 어떤 개인이나 정당의 계획으로 형성된 정책안을 지지하는 것으로 형성되어도 이때의 정치적 감성은 정책안의 요구로서 표현된다. 결국 정치적 감성은 현재의 단일 정치 집행이나 단순한 상황의 연속성으로는 충족되지 않는 것이다.

2. 정치적 판단 교육: 문화 역할

여기서 이루어질 분석은 정치 판단 교육에 기여하는 것, 즉 정치 판단 교육의 구성 요소를 찾고자 하는 데 있다. 정치 판단 교육은 개인이 실제적으로 생각해야 하는 것을 지시하고자 하는 목적으로 결정되어서는 안 된다. 교육은 개인에게 정의가 어디에 있는지를 말해 줄 수 없고, 결정적인 형식을 부여할 수도 없다. 그것은 판단의 부정적인 기준을 완벽히 규정할 수 있는 것, 다시 말해 개인에게 용납될 수 없는 것을 규정할 수 있게 한다. 이 문제에 대해서는 이미 앞장에서 살펴보았다. 그러나 여전히 특수한 상황 안에서 올바른 것을 결정해야 하는 것에 관련될 때 교육자는 자신이 따르는 것으로 순응할 수 있는 결정적인 모델을 학생에게 제안하거나 강요할 수는 없다. 교육자는 또한 학생에게 정치 실상을 보유하고 있는 개인이나 단체·정당을 지시할 수 없다. 교육자는 비합리적인 결정이나 법에 저촉되는 결정에 대해 지적할 수는 있지만, 시민들이 집단 토론을 통해 형성한 '공통된 판단'을 교육자 자신이 과학적인 것에 토대를 둔 행위의 이론적인 모델로 대체할 수는 없다. 왜냐하면 이러한 모델은 존재하지 않기 때문이다.

정치 판단 교육은 기본적으로 토론 교육에서 기인한다. 이미 앞에서 살펴본 대로, 정치적인 판단 교육이 토론 교육에서 기인해야 하는 첫째 이유는, 정치 판단은 그 판단이 이루어지는 순간에 고유의 원리를 형성하기 때문이다. 개개의 특수한 경우에 내재하는 특별한 문제에 의거하여 이루어지는 정치적 판단은 정의의 모델을 재고하기 시작한다. 이렇게 정의의 모델을 재형성하는 과정은 반드시 토론을 통해 공통적으로 이루어져야 한다. 토론을 통해서만이 제반 문제들을 구체적으로 제기할 수 있으면서 그 문제의 다양한 양상을 고려할 수 있게 해주기 때문이다. 정치적 판단 교육이 토론 교육에서 기인해야 하는 두번째 이유는, 정치적 판단은 자체적으로 변화하고 발전되는 어떤 감성 형태 안에 그 뿌리를 두고 있기 때문이다. 여기에서 그 감성 안에 단순히 완전하게 이어지지 않는 것을 형성하는 감성, 다시 말하면 여전히 형성되지 않은 본래의 공동체의 원리를 형성하게 하는 문제가 발생한다. 문제는 그 감성이 보편적인 원리나 만인에 의해 받아들여질 수 있는 원리를 함유할 수 있도록 이끄는 것이다. 이러한 감성이 부당하고 폭력적인 것으로 입증될 수 있으므로 거기에는 여전히 토론 교육을 전제로 하여야 한다. 사회의 전체 이미지를 내포하고 있는 감성은 이미지를 형성하고 미래 시각에 견주어 맞추어 나가는 함축적인 계획을 포함한다. 이 계획은 공동체에 구체적인 위치를 부여하고, 적어도 부분적으로는 활발한 정치 토론을 다루는 것으로 이루어져 있다. 우리가 지닌 감성과 다른 모든 감성은 우리를 주동자가 없는 전체 계획의 **구성 요소들**(éléments)로만 포함시키고 있는 원리 안에 있기에 일종의 공격이나 도전으로 인식된다. 따라서 정치적 감성에 대한 교육의 주요 문제는 만인에 의해 용납된 원리 안에 교감하고 형성되게 하는 것이라 할 수 있다.

다음장에서는 정치적 판단 교육에서 나타나는 문화의 주요한 역할을 살펴보고자 한다. 왜냐하면 문화는 시민들을 토론하도록 훈련시키기 때문이다. 따라서 여기서는 박식한 사람만이 진정한 시민이라는 주장에서 벗어나 학교 체계가 확산시켜야 하는 임무를 지고 있는 문화가 개인들의 정치 교육에 기여하고 있는 바가 무엇인지를 찾는 것에 그 제안을 두고자 한다.

문화(culture)라는 용어는 두 가지 의미를 지니고 있다: 그 하나는 지식의 주요 영역의 개념에 토대를 둔 인식의 총체로서 이해하는 것으로서, 그 의미 안에서 문화는 '보편적인'(générale) 것이 된다. 여기서의 문화는 전문적인 관용어법으로 쓰이는 전문 지식과 구별된다. 개인은 자신이 속한 공동체에 관심(공동체의 문제나 전통)을 가지고 있기 때문에 문화는 본래 개인 스스로 이끄는 활동인 **자유로운**(libre) 문화에 속한다. 특히 철학이 정의하려고 애쓴 개념(국가 · 법 · 미 등의 개념) 덕택에 문학이 구성된 상황 안에서의 문화는 현대 세계의 다양한 모습을 고찰하는 것에 관련된다. 문화의 또 다른 의미로, 문화를 예술 작품의 빈번한 접촉과 취향과 미적 감각에 대한 발전으로 이해하는 것에서 그 의미를 찾아볼 수 있다.

보편적인 문화와 역사

정치적 판단의 훈련은 명백히 최소한의 지식을 전제로 한다. 우선 그 최소한의 지식은 제도의 총체와 구조 · 기능에 대한 인식을 필요로 한다. 즉 시민은 의회와 정부가 무엇인지를 알아야 하는 동시에 선거 메커니즘은 어떻게 이루어지며, 정당은 어떻게 운영되는지 등에 관한 것을 알아야 한다. 이렇게 기본적인 지식을 습득하는 것 이외에도 공공 토론에 참가해서 전적으로 개인적인 이해 관계를 표현하는 것에 한정시키지 않으려면, 공공 토론에 참가하는 것은 개개인이 공동체 전체에 제기되는 문제와 그 문제의 목적과 가능한 해결책은 무엇인가를 파악하기 위해 충분한 정보를 습득해야 하는 것이 전제가 되어야 한다.

앞에서 강조했듯이 이러한 문제들은 사법·경제·사회·도덕적으로 다양한 양상을 띠고 있다. 여기에서 보편적인 문화의 중요성이 부각되는데, 특히 인문과학·경제학·사회과학 영역에서 보편적인 문화의 중요성이 부각된다. 그러나 이 보편적인 문화 안에서 역사는 독특한 위치를 지니게 된다. 게다가 역사는 기원을 통해 그 문제점들을 이해할 수 있게 해주는 동시에, 공동체의 감정을 공통된 기억과 기본적인 가치 체계의 전달 안에 뿌리내린다.

그러나 도덕적이고 정치적인 면에서 역사의 '교육적인'(*péda-gogique*) 이해 관계는, 역사적인 이야기의 통일성과 역사와 집단 기억 사이의 동일시 현상에 관련된 두 가지 문제점을 내포하고 있다: 우선 민족의 역사는 수많은 변이형을 양산한다. 많은 이야기들이 담론을 구성하는 중심 가치에 따라 만들어질 수 있다. 이에 대한 예로, 프랑스 혁명사는 차이점에 대한 인정과 문화와 지역 개체주의에 대한 존중을 강조하면서 사회주의를 향한 진전 안에 혁명을 위치시키는 관점——자코뱅당의 중앙집권주의에 대한 앙시앵레짐의 가치를 연결시킨 것에 가치를 부여한 관점, 혁명 안에서 정치적이고 사회적인 발달의 원형과 모델을 보는 관점, 반대로 법치국가에 대항한 모든 혁명은 비합법적이라는 것을 알려주었기에 유일하게 합법적인 혁명으로 인정하는 관점——에 관련되고, 획득하고 분리하는 토론에 의거하여 만들어졌다. 따라서 마르크스주의자나 자유주의자, 사회-경제 관계를 다양한 사건들의 원동력이라고 평가하는 자, 사고 행위에 결정적인 중요성을 부여하는 자는 역사를 이같은 방식으로 서술하지 않을 것이다.[71]

이처럼 역사 이야기의 형성과 구조는 자체적으로 이루어진 게 아니다. 역사 이야기의 형성과 구조는 그 총체 안에서 모든 이야기에 필요하고 공통된 기준이 연대순에 관련된 것뿐만 아니라 가정과 신념에 따라 이야기의 일치와 의미를 획득하는 것에 관련된 문제가 제기된다. 그때부터 역사는 과거의 요소들이 결정적인 모습 안에 통합되는 기념물이 아니라 지속적인 토론을 거치면서 다양한 이야기들이 끊임없이 재형성되는 과정을 거치게 되는 것이다. 여기서부터 역사가 무한정 다시 쓰여지고 재해석되는 방식으로 역사가들 사이에 끊임없는 토론이 재개되는 것이다. 이러한 토론들은 그 가치 체계들이 역사를 구성하는 데 적합한지를 시험해 보면서, 즉 체계적으로 전후 맥락을 잘 고려하면서 다양한 '가치 체계들'(valeurs)——'지시 체계'(systèmes de référence)——을 비교하게 해준다.[72]

역사에 대한 두번째 문제점으로, 역사를 공동체 의식을 집단 기억에 뿌리박게 한다는 개념으로 보는 것은 역사와 기억 사이에 있는 차이를 너무 빠르게 벌려 놓게 하는 요인이 될 수도 있다는 점이다. 피에르 노라는 《기억의 장소》[73]에서 이러한 차이가 얼마나 중요하고 의미 깊은 것인가를 보여 주었다. 기억 안에서 회상은 현재이고, 과거는 영구히 존속하기에 결코 완전히 지나가지 않는다. 이 때문에 상징을 지니게 되는 이 기억은 정서적이면서, 동시에 기억 안에 열정적으로 일치단결하는 공동체의 이상이라는 의미를 정체성으로 표현하는 그 집단을 굳게 단결시킨다. 따라서 기억은 공동체를 자리잡을 수 있는 장소나 주거 공간으로 만들었다. 그 기억은 공간을 채우고 있는 이미지·사물·기호 안이나, 혹은 일상적이며 의식적인 관례——국가 축제, 휴전 기념일 같은——안에 자리잡는다. 따라서 역사는 과학적인 사고 방식을 필요로 한다. 어떤 면으로 볼 때, 이러한 논증을 증명하고 모든 결론을 끌어내는 것은 그리 큰 문제가 아니다. 그러나 그 사실은 역사가 적어도 사건에 대해 일정한 거리를 두고, 동시에 객관성을 유지하는 데 필요한 거리를 두고 행위와 사건들을 끌어내야 한다는 것을 의미한다. 역사가가 그 '대상'(objet) 안에 연루되는 것은 피할 수 없는 명백한 사실이다. 이러한 연루는 그 대상의 특성에 따라 어느 정도는 커지게 되는데, 예로 16세기에는 이같은 거리를 두어야 하는 원리에 따라 산악당 의회나 세비야 항구 활동에 대해 언급하지 않는다. 왜냐하면 역사가의 정치적 견해는 공포정치의 분석에 영향을 미치기 때문이다. 그러므로 역사가는 자신의 견해를 고려하면서 한 시대를 서술하는 데 있어서 이같은 영향을 미치는 부분을 정확히 측정할 수 있는 사람으로 간주된다. 즉 역사가는 자신이 관련된 것과 마찬가지로 자신이 대상으로 삼은 것에도 일정한 거리를 유지해야 한다. 그것은 역사가 자신의 생각을 포기하라는 게 아니라, 또 다른 생각과 해석을 자신의 생각과 비교하라는 것이다. 역사적인 이야기의 구조는 그렇게 여러 가지 해석의 비판과 다양성을 포함시키는 것이다. 즉 그 구조는 상징이 분명한 사실을 언급하지 않고 근사치를 설정하는 곳에서 담론과 거리를 도입한다. 기억이 말할 때, 그것은 논증하는 게 아니라 회상하는 것이다. 이 때문에 기억에 의한 담론은 비록 민족사의 결정적인 순간을 회상하고 있다 할지라도 역사적인 사실이 될 수 없고, 이 경우에 행해지는 모든 토론은 부적절한 것이 될 수밖에 없는 것이다.

그러나 역사가 만들어진 사건의 기억을 위시하여 여러 가지 사건의 기억들을 전달한다는 것을 부정하는 것은 아니다. 그 의미 안에서, 역사는 많은 전통적인 가치들(인간과 시민의 권리, 시민의 평등 등)을 전달하는 동시에 **담론의 대상**(objet de discours)으로서 이러한 기억과 가치 체계들을 전달한다. 따라서 역사는 태곳적 전통에 대한 기억처럼 그러한 전통들이 중요한 의미를 부여한 과거 속에 어떻게 정착했는지를 보여 주면서, 우리 관습 안에 자리 잡은 가치 체계들에 어떤 이름을 부여하는 것으로만 국한되지 않는다. 역사가 우리에게 전달해 준 과거는 결정적으로 항시 넘어설 수 있는 위험 상태에 있는 진정한 과거가 된다. 과거가 우리 삶 안에 자리잡고 있어야 한다는 것을 느끼고 있다 할지라도 우리가 체험하는 과거는 더 이상 완전하지 않은 과거가 되는 것이다. 마찬가지로 우리가 이 과거와 맺고 있는 관계는 애착이면서 동시에 거리감의 관계라 할 수 있다. 우리는 학교에서 프랑스 국가와 그 기원과 프랑스의 역사 속의 위치에 대한 것을 습득함으로써 우리가 획득한 독립, 권리, 국가와 시민 사이의 관계, 세속주의 등에 관한 개념을 더욱 정확하게 파악하게 된다. 그러나 우리는 이러한 가치들을 **사회**(société)의 관점에서 판단한다. 다시 말하면 공동 생활이 이루어지는 공간의 관점으로 판단하는 것으로, 그 공간은 분명하게 경계를 정하고 있는 국가 개념과는 달리 보다 더 넓은 공간이 될 수도 있고(세계적인 개념으로 보는 경우), 동시에 더 협소한 공간(지역 언어와 문화 공동체처럼 제한된 집단과 공동체에 가치를 부여할 경우)이 될 수 있는 것처럼 그 경계가 모호하다. 이 때문에 국가의 기본적인 가치 체계들과의 관계는 결정과 의지의 관계라 할 수 있다.[74] 모든 시민에게 공통된 기억을 전달하는 역사는 단지 우리 안에 존재하고 있는 과거를 조명해 줄 뿐만 아니라, 이 과거와 우리 사이에 거리감을 도입시켜 어떤 전통이 지닌 가치 체계들에 대해서 확고한 애착을 가지는 것을 불가능하게 만들기도 한다. 따라서 역사가 우리에게 전달해 주는 공통된 기억은 사건이나 위인, 전통적인 원리와 행동에서 계승된 것을 드러내 주는 동시에 과거 안에서 우리의 정체성을 구성하고 있는 요소들을 **선택하고**(choisir) 해석하는 상황 속으로 밀어넣는 역할을 한다.

역사와 기억 사이의 팽팽한 관계는 어떤 문제에 대한 조처를 취하게 해주는데, 그 기억이나 전통에 대한 향수——체험된 것에 대한 확실성과 과거의 매력이 동시에 뒤섞인 진실성에 대한 취향——안에서 마침내 다시 찾아낸 공동체의 욕구를 드러내기 때문이다. 그렇다면 거리와 비판, 다양한 해석을 제시하는 역사는 그 기억이 보전하려고 애쓰는 공동체 관계의 목표를 의미하는 것일까? 이에 대해서는 전통 옹호론자들이 소크라테스의 변증법에 대한 것과 같은 유사한 비판을 역사에 대해서도 가하게 될 것이다.

만일 역사가 여러 가지 가능한 이야기 사이의 지속적인 토론 안에 구성된 학문이라면, 이러한 문제에 대한 해결은 같은 형식 안에 자리잡아야 할 것이다. 왜냐하면 위의 사실은 역사가 여러 기억간의 대화로 규정된다는 것, 즉 어떤 이야기의 통합 안에 개개의 단결을 구성하는 다양한 그룹간의 대화를 의미하기 때문이다. 따라서 역사는 우리에게 집단 기억을 전달하지만 그것은 다양한 조류의 기억으로써만 가능해진다. 이러한 기억은 하나의 맥락에 대한 일치가 아니라 기억들의 대립과 일치를 통해 연결되는 전통과 관련되고, 구별되고 교차하는 맥락에서의 일치를 이루는 것이다. 그것은 개인이 집단적 혹은 국가적인 기억에 참여했을 때, 개인은 더 이상 권위가 있는 **표상**(représentation)——이러한 표상은 국가에 따라 인정된다——을 지니지 못하게 되고, 이 집단적인 기억과 같은 **삶**(vie)을 구성하는 토론이나 논의의 특성을 지니게 되는 것이다. 민족의 기억은 어떤 신화적인 일치에 의해 고착된 원초적인 기억에 관련된 것이 아니라 정치적인 기억에 관련된 것이기 때문에 다양하고 변증법적인 기억——가장 진부한 의미에서 보면——이 되는 것으로, 그 기억은 영속적인 토론으로써 이루어진다. 이러한 의미에서 역사는 **정치** 공동체라 할 수 있다.[75]

미학적 감성과 정치적 감성

문화 개념은 지식의 영역뿐만 아니라 예술과의 관계, 즉 감성의 발전과 미학적인 판단 관계까지도 포함한다. 이러한 관점에서 제기되는 문제는 예술 작품의 빈번한 접촉으로 인식되는 문화와 정치적 판단 교육 사이에는 어떤 관련성이 있는가를 아는 것이다. 다시 말하면 미학적 감성의 발달과 정치적 감성 교육간에는 어떤 관련성이 있는지, 혹은 예술품이나 문학 작품·사상집을 자주 접한다는 것은 어떤 정치 구조 형태에 대한 취향을 발달시키는 것과 관련성을 지니고 있는가에 그 문제를 제기하는 것이다. 여기서 문화가 어떤 정당이나 어떤 관점 형태를 위하여 존재한다는 것을 의미한다면, 이에 대한 대답은 당연히 **그렇지 않다**(non)는 것이다. 좀더 구체적으로 말하면, 문화는 우파나 좌파의 성향을 띠지 않는다. 즉 예술이나 문화는 전적으로 미적 관심을 배제시켜 순전히 계몽 작품이나 선전 작품을 양산하는 조건의 **정치 성향**(politisés)과는 아무런 관련이 없다. 그러나 문화가 모든 정당의 입장과는 무관하게 토론 취향을 발전시킨다면, 그때의 대답은 **그렇다**(oui)가 될 수 있다. 이 점에 대해서는 칸트의 미학 판단 분석에 도움을 받으면서 논증해 보겠다.[76]

칸트의 미학 판단 이론

《판단력 비판》에서 칸트가 제기한 근본적인 문제는 어떤 것에 대해 아름답다고 말하는 것에 따른 취미 판단에 관한 특별한 양상을 고려하는 것이다. 사물에 대한 미를 표명하는 것은, 미가 만족감의 근원이라는 것을 의미한다. 그러나 이 감정은 단것이나 짠것을 먹는 쾌감처럼 단순히 유쾌한 감정과는 완전히 상이하다.

실제로 이 쾌감 종류는 개인의 본성과 습관·교육에 의해 좌우된
다. 따라서 감정에 대한 대립은 빈번하면서 동시에 무관심한 형
태로 나타난다. 즉 칸트는 타자의 판단에 별로 개의치 않고, 개개
인이 자신에 대해서 판단하는 형태를 **사적**(privé) 판단이라 일컬
었다. 그러나 칸트가 제기한 이 사적 판단은 미학 판단과는 다른
것이다. 예를 들어 내가 즉흥 음악을 아름답다고 말한다면, 내 느
낌과 마찬가지로 **모든 사람들**(pour tout le monde)에게도 이 음악
은 아름답다는 것을 단언하는 것이다. 다시 말하면 나는 타자의
판단에 관심을 가지면서 더 나아가 다른 사람들도 내 생각에 동
의해 주기를 기대하는 것이다. 따라서 미학 판단은 개인들을 구
별하는 차이(생리 조직, 습관 등)하고는 별개로 진정한 취미 공동
체가 존재한다는 것을 전제로 한다. 그 의미에서 취미 판단은 '공
적'(public) 판단이라 할 수 있다.

그러나 어떤 사물에 대해서 아름답다고 하는 사실은 단순히 쾌
적한 것을 나타내는 것이 아니고, 마찬가지로 그 아름다움의 객
관적 특성을 나타내거나 증명하거나 혹은 측정할 수 없다는 데
문제가 제기된다. 즉 사물의 아름다움을 식탁 크기처럼 측정할 수
없듯이, 기하학 정리를 입증하는 것처럼 미에 대해 입증할 수는
없다. 칸트는 "내가 극장에 갔을 때 연극이 내 취향에 맞지 않는
다면 연극에 대한 수많은 이론들과 증명들은 나를 진저리나게 할
수 있을 것이고, 연극 작품이 연극 기법에 맞추어 완벽하게 구성
되었을 때조차도 나는 그 작품이 아름답다고 생각할 수 없을 것
이다. 이럴 경우 나는 무식하게 보이지 않으려고 침묵할 수는 있

겠지만, 결국 미를 결정하는 것은 내 개인적인 경험에서 비롯된 것이다"라고 말했다.[77]

따라서 미적 판단은 주관적이면서 자율적이기에 주체에 의해 판단되는 것이다. 그러나 미적 판단은 동시에 개인적인 만족이 반드시 보편적이라는 것을, 즉 다른 사람과 교감할 수 있는 거라는 것을 나타낸다. 이 때문에 나는 연극 작품을 아름답다고 말할 수 있지만 단순히 내 마음에 든다고 말하지는 않는다. 다시 말하면, 나는 **마치**(comme si) 이러한 아름다움이 객관적 증명의 대상으로 할 수 있는 것처럼 말하는 것이다. 칸트가 여기서 이해하려고 한 것은, 이 주관적 판단이 어떻게 보편적 효력을 지니고 있다고 주장할 수 있는지에 대한 것이었다. 다시 말하면, 연극 작품에 대해서 아름답다고 주장하면서 나는 어떤 예술품도 모든 사람들이 만장일치로 그 미에 대해서 승인하지 않는다는 것을 완벽하게 인식한다는 것을 의미한다. 그러나 그 미에 대해 사람들의 동의를 얻지 못한다고 해도 미적 판단에 대한 고유 특성에는 아무런 변화가 없다. 즉 나는 다른 사람들의 판단이 다를 거라는 것을 예견함에도 불구하고, 나는 그래도 연극이 모든 사람의 마음에 **들 거라는 것**(devrait)을 간주하고, '모든 것에도 불구하고'(malgré tout) 나는 다른 사람의 동의를 요구하는 것이다.

칸트의 분석에 따른 이 미적 판단은 자유에 대한 관념이 없이는 이해하기 어렵다. 미적 판단은 만족감을 나타낸다. 그 판단이 보편적으로 유효하다고 평가한다면, 내가 그것을 보편적으로 교감할 수 있다는 것을 의미한다. 그러나 보편적인 소통은 감정이 자유의 감정, 즉 개개인들을 구별짓는 특수 조건——생리 조직이나 교육 습관 등——과 결정론과는 무관하게 개인들이 지닐 수 있는 자유 정신 성향의 감정일 때만 가능하다.

미적 만족감과 관련된 이러한 자유는 나의 상상력과 이해력에 대한 자유이고, 또한 예술품이 나로 하여금 자유롭게 사유하도록 해주는 사실과 연관된다. 그 자유는 나에게 **사유하게**(penser) 해주지만, 그렇다고 해서 단순히 어떤 생각을 나타낸다는 것을 의미하지는 않는다. 물론 구상화를 감상할 때 나는 내가 가지고 있는 다소 뒤섞인 개념에 의거하여 거기에 있어야 될 사람이나 집의 표상을 판단한다. 그러나 나에게 한 사람의 완벽한 표상이나 완전한 사람의 표상을 주는 그림은 완전히 맥빠진 그림이 될 수 있다. 다시 말하면, 그 그림은 심미성은 결여된 올바른 그림이 될 수 있는 것이다. 따라서 미적 작품은 그 작품이 '의도하는'(vouloir dire) 것을 넘어 그 이외의 것을 생각할 수 있도록 해주는 것이어야 한다. 즉 심미적인 작품은 어떤 개념을 단순히 나타내는 것을 넘어 풍부한 상상력을 주는 것이어야 한다. 그것은 잘 지시된 유일한 개념 안에 포함될 수 없는 것들을 풍부히 생각하게 해주는 것으로, 칸트의 표현에 따르면 "개념을 미학적으로 풍부하게 해주는 것이다." 이 때문에 예술품은 무제한으로 해석되고 논의될 수 있는 것이다. 예를 들어 M. I. 쿠투조프는 나폴레옹처럼 세계를 지배하기를 갈망하는 대신, 사건이 흘러가는 대로 몸을 내맡기는 지혜를 지니고 있었기에 위대한 장군으로 남을 수 있었고, 나폴레옹은 역사를 만들려고 했기에 패배했다. 즉 쿠투조프는 시대의

흐름을 예측하고 대세(러시아의 무한한 확장, 인간 집단의 이동에 대한 고유 논리)를 이용할 줄 알았기에 승리한 것이다. 《전쟁과 평화》가 이러한 특성을 나열하는 데 그쳤다면 사람들의 관심을 불러일으킬 수 없었을 것이다. 그러나 톨스토이 안에 있는 작가로서의 천재성이 이론가와 도덕주의자보다 우세했고, 또한 톨스토이가 독자에게 전달하려고 하는 메시지보다 더 무한정한 것을 생각할 수 있게 해주기에 톨스토이의 작품은 독자들에게 매우 흥미진진함을 전해 준다.

마찬가지로 예술 작품도 **자유로이**(librement) 사유할 수 있게 해준다. 예술 작품은 그 대상의 **형태**(forme)에 대해서 내가 알고 있는 것과는 무관하게 자유로운 상상을 불러일으키기에 일반적인 미가 되고, 특히 자연미를 지니게 된다. 이 때문에 순수한 미를 지니고 있는 것들로 꽃이나 새, 몇몇 바다 동물을 예로 들 수 있다. 예술과 관련된 작품의 내용과 테마는 자유로운 상상력에 대한 어떤 범위를 부여해 준다. 즉 나는 보티첼리의 〈비너스의 탄생〉에서는 고야가 〈노파들〉에서 표현한 주름살로 쪼글쪼글해진 시든 여성미를 볼 수 없는 것이다. 따라서 예술가의 천재성은 내 시각을 이끌지만 작품의 형태는 내 상상의 자유로 남겨져 있어 내 취미대로 작품을 판단할 수 있는 것이다.

예술품은 따라서 자신의 능력에 대한 자유로운 역할에 제동을 거는 일상적인 억압의 주체를 벗어나게 해준다. 그것은 정신적인 습관의 주체를 제거해 주는 것이라 할 수 있다. 이같은 자유와 성향은 소통을 가능하게 해준다. 예술품이 아름답다고 말할 때, 나는 내 만족감을 자유롭게 판단하는 모든 개인들과 교감할 수 있다고 주장하는 것이다. 여기서 불일치가 관련되는데, 판단하는 주체들이 고야나 그레코의 가치에 대해 대립할 가능성이 있을 때 불일치는 논쟁을 유발하고, 이들 주체들은 동의할 수 있는 모든 **가능성**(possibilité), 즉 취미 공동체의 가능성을 입증하는 것이다. 여기서 칸트는 이러한 논쟁의 특성이 무엇인지를 정확히 보여 주었다.[78] 칸트가 제기한 논쟁은 다양한 증거와 논증을 제시해 종결지을 수 있는 **언쟁**(dispute)을 일컫는 게 아니다. 거기에는 단순히 자의적인 편향으로 이루어진 판단 대신 보편성을 지향하면서 타자의 동의를 얻고자 갈망하는 판단을 사용한 논쟁이라 할 수 있다.

여기서 칸트 미학의 정치적 양상을 살펴보도록 하자. 칸트 이론의 역량은 취미를 가지고 있지 않은 사람들은 논쟁을 하지 않는다는 것을 보여 주었다는 데 있다. 취미를 가지지 않은 사람들이 예술 작품이 부여하는 매력이나 오락성에 의해서만 예술품을 판단할 때, 이들 개개인은 자신에 대해 판단하고 사물은 그대로 남아 있다는 것을 인식한다. 역으로 제안해 보면, 취미를 가지고 있는 사람들은 소통에 대한 취미를 가지고 있는 사람들이 된다. 결국 취미는 내 생각에 보편적으로 소통될 수 있는 것을 판단하는 방식이라고 생각되기 때문이다. 따라서 취미는 나에게만 있는 감각이면서 동시에 예술 작품이 나에게서 불러일으키는 감정과, 나와 타인들을 구별하는 본성이나 사회 출신의 차이에도 불구하고 내가 타인들과 공통적으로 소유**할 수 있는**(pourrais) 감정 사이에 직관적으로 공유하는 일종의 비판적 감각이 되는 것이다. 이 때문에 칸트적인 의미로 취미를 가진 사람들은 논쟁한다. 이들은 수학자들처럼 계산을 통해 의견 일치를 보려고 논쟁하는 게 아니라 입증할 가능성이 없다는 것을 알면서도 논쟁한다. 즉 이들은 증거를 소통하려고 하는 게 아니라, 어떤 감성 형태를 소통하려고 하기 때문에 논쟁하는 것이다. 결코 모든 사람들이 동의하지 않음에도 불구하고, 이들이 이러한 감성에 의해 자신의 주장을 피력하는 것은 취미 공동체의 가능성을 단언하기 때문이다. 이 취미 공동체가 형성될 수 있다는 가능성은 분명히 사람들은 같은 **방식**(façon)으로 상상하지 않고 생각지 않는다 할지라도 모든 사람들은 같은 상상력과 사고 **능력**(faculté)을 지니고 있다는 사실에 토대를 둔다. 이 때문에 개개인은 '판단하는 주체들이 동의에 이를 수 없는 특수한 경우에서만 이러한 능력을 적용하는 것에 관련되기 때문에, 판단하는 주체들이 이러한 주장의 가능성에 대해 부당하다고 여기지 않고 개개인의 취미 판단에 대한' 보편적인 동의가 있음을 전제로 하는 것이다.[79]

칸트는 판단력 비판에서 문화에 토대를 둔 공동체가 존재할 수 있는 가능성을 파악하게 해주었다. 칸트가 제시한 취미 공동체는 플라톤이 이루고자 했던 도덕적으로 훌륭하게 규정된 개념——용기, 자신의 제어, 지식 혹은 정의——에 근거한 공동체가 아니다. 왜냐하면 미학적인 작품은 항시 그것이 나타내려고 하는 개념보다 더 많은 것을 사유할 수 있게 해주기 때문이다. 예를 들어 사람들이 스탕달의 《적과 흑》을 읽을 때 주인공의 야망을 공유하지 않고도 이 작품을 흥미진진하게 읽을 수 있기 때문이다. 칸트의 취미 공동체는 또한 어떤 고전 작품의 특권에 토대를 둔 공동체가 아니라, 논쟁거리를 제공해 주고 생각하게 해주는 작품에 대해 사적 오락성과 공적 취미 사이에 있는 차이보다는 **사적인 것**(privé)과 **공적인 것**(public)간의 차이를 알아내는 데 중요성을 부과한 공동체이다. 결국 진정한 취미의 판단은 쾌와 미 사이의 차이를 양산하는 개인적인 감성을 구성하는 것이다. 그리고 이 차이는 사적 영역과 공적 영역에서의 정치 공동체를 구성하는 차이와 유사한 계급을 제시한다. 그것은 소통이 불가능한 사적인 감각과 토론하는 공적인 것을 구별해 준다. 따라서 취미 공동체는 정치 공동체와 달리 결정적으로 모든 사람이 동의하는 것에 근거를 두지 않는다. 감성 공동체는 보편적 가치를 필요로 하고, 타인의 동의를 요구하면서 이러한 주장을 변호하려고 한다. 결국 예술품과 잦은 교류를 하는 것에 그 의미를 두는 미학 교육과 문화 교육에 있어서 정치적 역할은, 토론과 상이한 대립 관계에 있는 대상에 대해 확실히 공유될 수 있다는 일치의 **가능성**을 추구하는 것에 기초한 공동체에 대한 취미를 찾으면서 공동체의 감각을 길러 주는 데 있다.

VI

행 위

이 책의 제1장에서, 민주정치 안에서의 교육은 **활동적인**(actifs) 시민들을 양성해야 한다는 생각을 전개시켰다. 따라서 이 장에서는 제1장에서 전개시킨 주장에 대하여, 활동적인 시민에 대한 정의와 국가 안에서 교육 체계가 차지하는 위치에 관련된 두 가지 문제점을 제시하면서 그것에 관해 더 깊은 고찰을 병행시켜 나가겠다. 우선 제1장에서는 활동적인 시민을 '공직'(fonction publique)에 종사하는 사람이나 공직에 종사할 가능성이 있는 사람으로 규정했다. 따라서 민주주의 안에서 모든 시민은 활동적인 사람으로 간주된다. **선험적으로**(a priori) 아이들과 시민권을 박탈당한 사람, 정신이상자, 범법자들을 제외한 모든 사람들은 시장·국회의원·상원 의원·장관 등의 직무를 맡는 것을 갈망한다.

그러나 활동적인 시민에 대한 정의를 명확히 해야 한다. 실제로 활동적인 시민에 대한 정의에는 행위가 무엇으로 구성되어 있는지를 언급하지 않고 있는데, 바로 이 점이 문제의 소지가 있다. 행동한다는 것은 무엇을 의미하는가? 누가 행동하는가? 무엇에 관해 행동하고, 무슨 목적 안에서 하는가? 또한 이 정의에는 장관이나 교육자, '보통'(ordinaire) 시민이 활동에 참가하는 부분에 대해서는 구분할 수가 없다. 따라서 여기서는 정치 활동 단계를 규정하는 것을 시도할 것이다. 두번째 문제점으로는 이러한 행위의 분석과 관련하여 교육의 역할, 특히 제도로서의 학교 체계의 역할을 명확히 규정하는 데 할애할 것이다.

행위의 정의

행위 개념을 정의하기 위해서는 두 가지 양상을 고찰해야 한다: 첫째, 행위를 근본적으로 공무 집행과는 구별되는 것으로 보는 개념으로, 여기서의 행위는 행정 업무나 기술 업무와는 대립된 개념으로 규정된다. 따라서 행위는 한정된 목적——번영, 생산성과 행복의 증대, 사회 관계 조정——에 따르지 않는다. 이러한 문제들은 전문가나 기술자에 관련된 일이지 엄밀한 의미의 정치에 관련된 일은 아니기 때문이다. 이러한 행위의 관점은 행위 자체 안에 공동체와 개인의 생활 양식으로 간주되는 행위의 목적을 놓도록 이끈다. 둘째, 정치 행위와 경제적·사회적 문제의 구조 사이에는 밀접한 관계가 형성되어 있다는 것을 강조하는 개념이다. 이 경우 정치 행위는 특정 **가치 체계**(valeurs)에 일치하는 사회 조직과 변형에 그 목적을 두는 행위이다. 이렇게 행위에 대한 이중적인 개념을 보다 명확히 규정하기 위해 H. 아렌트와 É. 베유[80]의 학설을 참조하고자 한다.

1. 행위에 대한 인간의 경험: **H.** 아렌트의 이론

행위와 제작

한나 아렌트의 행위 개념에 대한 특수성을 명확하게 구분하기 위해서는 우선 행위를 제작과 구분해야 한다. 어떤 것을 제작하는 사람의 머릿속에는 침대·책상·자동차 등에 대한 계획이나 모델·생각을 지니고 있고, 제작은 최종 목표에 이르게 하는 활동의 총체라 할 수 있다. 따라서 제작이라는 용어를 생각하면서부터 수단과 목표의 용어를 생각하게 된다. 이것은 두 가지 사실을 내포하는데, 첫째, 행위를 제작 모델과 관련하여 생각할 때의 행위는 **기술**(technique)의 의미와 동일시되는 것으로, 그때의 행위는 결과에 이르게 하는 방법의 총체가 되는 것이다. 결국 목적을 위해서는 수단 방법을 가리지 않게 되는데, 모든 과정이 받아들여질 수 없다고 주장하면서 어떤 것에 대해 미리 대비한다 할지라도 효능의 기준이 마침내 지배하게 되는 과정을 의미한다. 두 번째 귀결은 행위를 제작 자체처럼 폭력적인 행위로 보는 것이다. 침대를 만든다는 것은 침대 형태를 만들기 위해 나무와 철 등을 변형시키는 것이다. 제작자의 손안에서 모든 것은 한낱 재료에 불과하다는 관점에서 보면, 정치는 효능과 결과라는 이름으로 폭력을 '대의명분의 필요성을 위한' 것으로 변호하는 것에 이른다.

아렌트에 따르면, 이렇게 행위 개념을 제작 모델에 관련하여 보는 것은 전체주의의 방향 색채를 짙게 띠고 있는 것이다. 즉 행위 개념은 논리적으로는 공동체를 정치가가 자신을 고무시키는 계획에 따라 만들 수 있는 일종의 재료처럼 인식하는 것으로 이르게 한다. 따라서 이러한 방식의 표현으로서 이 행위 개념은 시민을 조종할 수 있는 대상의 신분으로 전락시켰고, 또는 길들이고 착취할 수 있는 동물의 지위로 전락시켰다. 20세기의 전체주의 체제는 이러한 논리가 어디까지 이르고 있는지를 잘 보여 주고 있다.

따라서 이 장에서는 제작의 정치 행위, 즉 **생산 행위**(praxis de la poiesis)를 세심하게 전개시키기 위한 시도로 아렌트의 사고 방식에 토대를 두겠다. 아렌트는 정치 행위를 주어진 계획을 실현시키게 하는 기술의 총체로서가 아니라 자체 목적을 지닌 생활 방식으로 이끄는 행위로 보았다. 즉 정치 행위는 사전에 규정해 놓은 목표를 따르는 게 아니라 세상에 존재하는 방식을 따르는 것이다. 이렇게 볼 때 정치 행위는 '기본적인 인간 경험의 하나'라고 할 수 있다.[81]

이 정치 행위의 정의는 두 가지 본질적인 특성——출생과 다원성——으로 제시되는 인간 조건의 개념을 내포하고 있다. 먼저 출생의 개념을 살펴보면, 인간의 생은 처음과 끝을 지닌 완성된 삶으로 탄생과 죽음의 행위로 제한된다. 하이데거에게서 수학한 H. 아렌트는 하이데거의 이론인 죽어야 할 운명, 즉 죽음을 위한 존재(l'être-pour-la-mort)를 인간의 실제적인 사고와 실존을 구성하는 영역이라는 주장을 내세웠다. 아렌트 개념의 독창성은 인간 존재를 출생과 마찬가지로 사망에 결정적인 위치를 부여한 것으로, 인간의 조건은 단지 죽음으로만 특징지어지는 게 아니라 출생으로도 특징지어진다고 보았다.

출생 조건은 인간이 세상에 태어나는 것으로, 아이처럼 세상에 모습을 드러내면서 나이를 먹게 되고 뭔가를 시작하게 된다는 것을 의미하는 것이다. 태어나면서 인간은 세상에 새로운 것과 창의성을 제시한다. 즉 태어나면서부터 인간은 독특하고 완성되지 않은 예측 불가능한 존재가 되는 것이다. 이 때문에 인간을 **완성된**(fait) 존재로서가 아닌 구상하는 존재로 보는 것이다. 이 사실은 아이의 운명과 창조 능력은 잘못 구성된 교육으로 인해 파괴될 가능성이 있다 할지라도 어른들에 의해서 제어될 수는 없다는 것을 나타내는 것이다. 이러한 관점에서 모든 것을 제작으로 생각하는 세계, 즉 발생할 수 있는 모든 것을 어떤 계획으로 추론할 수 있고, 모든 귀결을 이상적으로 통제하는 세계는 어떤 면에서 보면 출생을 망각하고 있는 세계 속에서 살고 있는 세계라 할 수 있다. 따라서 출생은 절대적인 시작의 귀결(어린아이의 생과 미래)이 부모의 통제를 벗어나는 것이기에, 이러한 세계에서의 출생 행위는 완전히 이해될 수 없는 개념이 된다.

아렌트의 사상에서 정치 행위는 출생 조건을 담당하기 때문에 인간의 실제적인 실존적 개념으로 발전된다. 행동한다는 것은 시도하는 것이고, 새로운 것을 시작하는 것이다. 다시 말하면, 어떤 결정을 내리고 말하고, 타자의 동의와 일치를 요구하고, 반응을 유발하는 것이다. 따라서 행위는 **다원성**(pluralité)이라는 인간 조건에 연결되어 있으면서, 동시에 인간의 삶은 본질적으로 공동 생활이라는 사실에 연결된다. 왜냐하면 사람은 혼자 행동하지 않기 때문이다. 다시 말하면, 장인이 도구와 재료만을 가지고 혼자 살아갈 수 있다면, 정치 행위는 항시 타인과 함께 하고 타인에 관련된 행위이다. 이 때문에 정치 행위는 본질적으로 발언을 통하여 나타난다. 즉 나는 타인에게 말하지 않고는 행동할 수 없는 것이다. 그러나 나는 타인들에게서 내가 발언한 것에 대한 각양각색의 무한한 반응을 이끌어 내고 발언한 것에 대한 책임을 진다. 고로 어떤 것을 시작할 때의 나는 행위의 주체가 되지만, 이미 정해진 행복한 결론이나 불행한 결론을 받아들이는 나는 수동적인 사람이 되는 것이다. 나는 내 행위로 인해 일어난 어떤 것(태어난 것)의 책임자이지만, 정확히 말해서 내 행위에 대한 창조자라고 할 수는 없다.

따라서 보다 넓은 의미에서의 행위는 실존 방식이라 할 수 있다. 즉 행위 안에는 공동체가 **정치**(politique) 공동체로서 존재하고, 또한 개인이 **인간**(humain)으로서 존재한다. 이러한 의미에서 **행위**(praxis)는 자유롭고 동등한 개체들의 제작과 구별된다. 실제로 제작한다는 것은 재료를 가지고 계획에 따라 한 형태를 만들어 나가는 것으로, 한 단어로 표현하면 재료를 지배하는 것을 의미한다. 따라서 공동체를 하나의 재료로 간주해 피통치자들을 통치자들의 지배권에 두고 있는 모든 정치 기교 개념은 직접적으로 평등 원리에 맞서는 것이 된다. 행동한다는 것은 결국 자유롭고 동등한 주체로 인정된 개인들에게 영향을 미치는 것이라 할 수 있다. 이 때문에 행위는 본질적으로 토론과 설득·확신을 통해 이루어진다. 그것은 발언을 통해 연결된 존엄성을 지닌 평등한 개인들로 이루어진 정치 공동체를 구성한다. 즉 중심에서 결정하는 사람은 규정에 따라 타자보다 우위에 있는 사람이 아니다. 라틴어 표현에 따르면 primum inter pares, 즉 그는 자신의 동료들 사이에서 첫번째 사람이 되는 것이다. 이 사실은 실제적으로 활동적인 사람들 사이에서만 진정한 정치 공동체가 존재한다는 것을 의미하는 것이다.

다른 한편으로, 엄밀한 의미의 인간 존재는 공적으로 자신을 드러내고 나타내는 행위와 혼용된다. 단지 타자의 눈에 비친 사람으로서만 그 독특한 존재로서 존재할 수 있는 것이다. 또한 사람들은 발언과 주도·대응·결정 행위를 통해서만 자신이 **누구**(qui)임을 드러내고, 적극적으로 자신의 정체를 현시하는 것이다. 노동, 특히 실행하는 직무와 사생활과 여가 생활의 고립 안에서 개인은 자신의 동료들과 구별된다. 그러나 살아가고, 먹고, 잠자고, 끊임없이 되풀이되는 노동과 소비 과정에 사로잡혀 있는 대다수 익명의 생산자와 소비자일 뿐이다. 따라서 자신의 발언을 지니고 있는 행위와 경쟁 및 일상 노동을 통하여 개인은 고유의 이름으로 존재하게 되는 것이고, 점차적으로 그 개인의 역사를 구성하는 개인의 행위·시도·운명은 개인으로 하여금 가정 생활의 반복성, 단순히 생물학적인 삶의 반복성과 노동과 소비와 단순 오락거리의 주기성에서 벗어나게 해준다.

공화국

　공화국은 개개인에게 공통된 행위에 참여하게 하는 국가의 한 개념으로, 아렌트는 여기서 연방공화제의 이상과 정당 제도에 의해 지배를 받는 현대 민주주의의 실체를 대립시켰다.

　중앙집권 국가 형태를 이루고 있는 이러한 민주정치 안에서 시민들의 국사에 대한 참여는 속임수에 불과하다. 즉 시민은 직접 정치적인 활동을 하는 게 아니라 그들의 견해가 반영되는 것뿐이다. 의회에서 열리는 공공 토론에 시민들은 직접 참여하는 대신 투표와 여론의 압박을 통해 지지를 보낸다. 따라서 모든 정치 생활은 의회 토론, 즉 소수의 선택된 정치가들로 조직되는 것이라 할 수 있다. 이 때문에 소수의 전문 정치가들에 의해 지휘되고 철저히 계급화된 구조를 지니고 있는 근대적 의미의 모든 정당들의 목표는 모든 시민이 동등한 발언권을 가질 수 있는 표현의 공간을 부여하는 게 아니라, 의회 토의나 정부 내부에서 나온 결정 사항들을 통과시킬 수 있게 하기 위해 여론을 조직하고 배치해서 압력을 가할 수 있게 하기 위한 것이다. 이 때문에 정당들은 항시 전체 국민이 특정 행위에 관련되어 있다는 것을 자각한 역사적인 순간에, 모든 시민이 공동으로 토론하고 서로 정보를 주고받고 결정을 내리기 위해 모인 시민들의 자발적인 조직을 약화시키는 것에 치중했다. 예를 들어 대중 집회가 많이 열렸던 프랑스 혁명 시대에는 코뮌이나 지역별로 최하층 사람들까지 포함된 시민들이 모여 집단의 운명에 대한 같은 근심을 공유하는 활발한 정치 활동을 했다. 이러한 시민들의 정치 활동이 몇몇 통치자들의 손 안에서만 이루어졌던 권력의 집중 현상에 위협을 가할 정도로 발전하자 인민집회에 반대 입장을 취했던 자코뱅당은 인민 단체에 침투해 시민들을 순전히 사적 생활로 되돌려보낼 방법을 모색했다.[82] 마찬가지로 러시아 혁명 시기에는 구역의 국무를 논의하기 위해 모인 인민들로 구성된 인민의회나 노동평의회가 볼셰비키당의 중앙집권적 권력에 의해서 약화되었다.

따라서 아렌트가 선호하는 정치 모델인 **공화정**(République)은 자치시의 시민을 위시하여 일정 수준을 지닌 개개 시민이 '공적인 것'에 참여하고, 공적 생활에 대한 체험과 공동체에 관련된 것을 결정하는 일에 참여할 수 있는 정치 형태를 일컫는다. 이것은 의회를 '국민' 의회와 시의회로 나눈 양원제 의회로 구성해 하원의 참석자들에게 상원의 임무를 맡기는 것을 전제로 한다.[83] 따라서 아렌트의 공화정은 일반적으로 시민의 정치 역할이 국사에 적극적으로 참여할 수 있는 특정 개인들을 선발하는 것으로 제한되는 일상적인 의미에서의 민주정치와 구별되는 연방 형태의 공화정에 관련된 것이라 할 수 있다.

보수주의 교육

아렌트는 자신이 분석한 인간 조건의 개념과 보편적인 행위에 일치하는 교육 이론을 전개시켰다. 실상 교육과 행위는 탄생이라는 중점 사실로 연결되어 있다. 즉 "교육의 본질은 인간 존재들이 세상에 **태어나는**(naissent) 행위인 탄생에 그 본질을 두고 있다."[84] 이 이론은 이미 프랑스 혁명 기간 동안에 제시된 것으로,[85] 어린 아이들을 가능한 한 빨리 본래의 정치 토론에 참여하도록 이끌어야 한다는 사상과 동시에 아이들이 자치적으로 관리하는 소공화국 형태로 구성된 학교를 제시한 것으로 생각해 볼 수 있다. 그러나 아렌트의 교육 개념은 이러한 **자치제**(self-government) 체계에 대해 매우 비판적인 입장을 취했는데, 즉 아렌트의 교육 개념은 본래 보수적이라는 것으로 요약될 수 있다. 다시 말하면 **보수적이 아닌 모든 교육은 시대의 조류에 역행하는 반동적인 교육이 되는 것이다.**

여기서는 위의 표현을 좀더 명확히 규정해 볼 필요가 있다. 사회적인 의미에서의 교육은 보수적이 되어서는 안 된다. 그렇기에 엘리트들은 권력이나 특권을 유지시키기 위한 임무를 지니고 있지 않은 대신, 교육은 과거로부터 물려받은 경험과 지식의 유산을 **보존해야**(conserver) 하는 동시에 그 유산을 새로운 세대에게 **전달해야 할**(transmettre) 의무를 지니고 있다. 이같이 과거의 유산을 보존하고 전달하는 교육 의무에서 두 가지 본질적인 원리를 구성할 수 있다: 우선 아이들은 어른들과 달리 자치적으로 관리하는 자치 단체를 구성할 수 없다는 것이다. 즉 아이들을 활동적인 성숙한 존재로 이끄는 데 그 목적을 두고 있는 교육은 너무 이른 시기부터 '공적' 생활의 엄격함에 길들여지지 않도록 아이들을 보호하고, 안전한 가정에서 아이들을 양육해 학교 같은 중간 제도 안에서 점차적으로 가정 내의 사적 영역에서 공적 생활——
정치와 사회 생활——로 이행할 수 있도록 보장하여야 한다. 이
러한 교육은 아이가 성장기를 거치면서 유년 시절 동안 어린아이
의 면모를 지키게 하는 유일한 수단으로 "무위도식하는 유년 시
절의 삶을 포함한 모든 시기의 삶은 어둠으로부터 드러나고, 자
연적인 경향이 뚜렷하게 드러날 만큼 강력하다 할지라도 성숙한
존재에 도달하기 위해서는 어둠으로부터의 보장받은 욕구를 지
니고 있는 것이다."[86] 따라서 학교에서 아이들에게 자치권을 기르
도록 이끄는 가상 정치 생활을 설립하는 것은, 아이들을 너무 어
린 시절부터 만인의 시선을 의식하면서 행동하고 자신을 드러내
는 것을 억압하는 것이라 할 수 있다. 이렇게 아이에게서 '사적 생
활'(vie privée)을 빼앗고, 아이를 작은 어른으로 취급하는 것은 유
년 시절의 특이성을 지속시켜 나가야 하는 시기에 아이들을 이해
할 수 없는 상황으로 묶어두는 것이다. 즉 아이들을 어른들도 쉽
게 견뎌내지 못하는 집단과 대다수의 억압과 공적 생활의 억압 상
태 등 아주 힘든 상황으로 내모는 것이다. 마찬가지로 이러한 사
실은 아이를 집단 생활 속에 가두어두고, 아이가 확장시킬 수 있
는 교육과 권한 관계로 이루어진 어른들과의 자연스런 교류 관계
를 아이에게서 박탈하는 것이다. 따라서 교육은 점차적으로 변화
되어 가는 존재로서의 어린아이를 공적 생활과의 접촉으로 인한
조로 현상에서 보호하여야 하는 것이다.

또 다른 원리로, 교육은 **행위**(action)에 관련되어 있기에 정확하
게 보수주의가 되어야만 한다. 즉 교육은 젊은 세대들에게 세계

에서 무엇인가를 시작하기 위해 그 안에서 자신의 위치를 발견할 수 있도록 해주는 데 그 목적이 있다. 따라서 교육자는 아이들에게 '세계의 책임자'라는 인식과 함께 현실을 책임지고 있다는 사실을 설명해 주어야 하는데, 즉 아이들이 속해 있는 세계보다 더 오래된 과거의 세계를 가르쳐야 한다. 다시 말하면 교육자는 아이들에게 지식을 전달하는 임무, 즉 새로운 세대의 유산을 구성하는 전통과 지식의 총체를 전달하는 책임을 지고 있다. 이렇게 교육자는 아이에게 과거와의 관계를 통하여 아이가 세계의 책임을 질 수 있다는 사실과 자신의 권위를 끌어낼 수 있다는 사실을 가르치는 것이다. 지식과 전통의 유산을 전달하면서 교육자는 아이들에게서 세계를 개혁시킬 수 있는 능력을 빼앗는 대신 그 능력을 유지시켜 주어야 한다. 왜냐하면 교육자는 아이들에게 그 영역이 무엇에 관한 것인지, 무엇이 되어야만 하는지는 언급하지 않고 아이들의 미래 활동의 장을 전개시켜 주어야 하기 때문이다. 다시 말하면, 교육자는 아이들에게 어떤 형태의 세계, 즉 되어 있는 세계를 제시하면서 자신들의 위치를 개혁시킬 열망 없이 그 세계 안에서 자신들의 위치를 차지할 수 있게 해주어야 한다. 전통을 전수하는 책임을 지고 있는 교육자는 있는 그대로의 세계를 보존하려고 애쓰지 말고, 아이들(새로 오는 자)에게 그 세계를 **계승시켜**(continuer) 나가게 하려고 애써야 한다.

이렇게 전통적인 모든 것에 대한 경멸에서 비롯된 새로운 것에 대한 열정을 인식한 아렌트가 새로운 것의 **우수**(pathos)라 부른 것에 관련되는 현대 교육은, 새로운 세대가 품고 있는 개혁의 능력을 파괴시킨다. 지나간 모든 것을 죽은 것으로 간주하고, 모든 전통을 시대에 뒤진 것으로 간주하는 교육자는 두 가지 오류를 범한다: 첫째는, 이런 종류의 교육자는 세계의 책임을 지고 있다는 것을 거부하는 것이다. 즉 그는 자신의 혐오감이나 불확실성을 중히 여기기에 아이들에게 세계 속에서 아이들이 위치하고 행동할 기회를 가지는 것을 위태롭게 만든다. "매일 부모들은 이렇게 말한다: '이 세상에서 우리는 집에서조차도 안전하지 않단다. 어떻게 거기서 살고, 지식을 습득하고, 세간을 들여놓고 사는지 우리도 의문이다. 너희들은 최선을 다해서 그 상태에서 빠져 나오려고 시도해야 하지만, 어쨌든 우리는 너희들에게 책임질 일은 없다. 우리는 아무 잘못도 없고 너희들의 운명은 우리 소관이 아니다.'"[87] 두번째로, 끊임없이 새로운 것의 최첨단에 있기를 갈망하는 교육자는 아이들을 개혁하기 위해서 대체한다. 학교는 항시 세계(과학·문화·정치 영역 등 모든 영역)에서 이루어지는 것에 대해 뒤처져 있기에 이러한 교육자의 시도는 불가능하다는 사실 이외에도 **반동적**(réactionnaire)이라고 할 수 있다. 실제로 과거를 멸시하고 현대성에 주요한 의미를 부여하는 교육자는 아이들에게 새로운 것을 이루라는 생각과, 어쨌든 아이들 자신보다 항상 고루해지는 생각을 강요한다. 이런 상황에서 모든 지식은 전통이 되어 버리기 때문에 교육자는 더 이상 아이들에게 가르칠 수가 없게 되고, 결국 이런 종류의 교육자는 아이들에게서 새로운 것을 발견하려고 하면서 아이들이 개혁할 능력을 **빼앗고** 만다.

따라서 세계가 발전될 수 있기 위해서는 정확히 교육은 보수주

의가 되어야 한다. 문화와 전통을 단절시키는 '혁명적인' 교육은,
실제로 아이들에게서 창조하기 위해 근거를 삼을 수 있는 영역을
박탈한다. 계속해서 전통을 비판하고 재고하기보다는, 혹은 전통
들을 전달하기보다는 그 전통을 시대에 뒤진 것으로 간주해 전통
을 파괴하는 역할을 하는 교육은 체제순응주의의 요인이라 할 수
있다. "우리의 희망은 각 세대가 제시하는 새로운 요소 안에 항시
머무르는 것이다. 그러나 우리 기성 세대들이 이룰 수 있는 것에
대해 결정할 수 있기 위해서는, 이 새로운 요소를 일정한 방향으
로 이끌어 모든 것을 파괴함으로써만 우리의 희망을 이룰 수 있다.
결국 개개의 어린아이 안에 새롭고 혁명적인 것을 유지시키기 위
해 교육은 보수주의가 되어야 한다. 교육은 혁명적인 세계라 할
지라도, 다음 세대 관점으로 보면 낡고 쇠퇴에 가까운 이미 노후
한 세계에 새로운 것을 도입해 보존하여야 하는 목적을 지녀야
한다."[88]

개혁과 전통

아렌트의 교육 개념은 힘을 입증하는 것과는 아무런 상관 관계
가 없는 권위에 대해 증명하는 것으로, 권위가 없이는 교육이 불
가능하다는 것을 입증하는 것이다. 권위는 아이들의 눈에 비친 교
사의 지식과 교사가 구현하는 문명의 기억에 대한 사실에 근거를
둔다. 결국 권위는 아이들이 교사를 과거와 연결짓게 하고, 즉 과
거에서 유래한 세계와 연결을 맺도록 보장해 주는 사람으로 인정

하는 신뢰에서 유래한다. 따라서 사회 전체가 새로운 것을 얻는 데만 전념하고 과거는 경시한다면, 이러한 권위를 획득하거나 회복하는 일은 쉬운 일이 아니다. 왜냐하면 교사들에게 어떤 권위를 요구하는 시점에서 위의 사회는 권위에 근거를 두고 있는 토대를 파괴하기 때문이다.

과거에 대한 기억과 유산 없이 다음 세대들이 원하는 것만 이루기 위해 애쓰는 현재 세계는, 그 어떤 역사도 보유하고 있지 않기에 의미를 지니고 있지 않은 세계가 된다. 그 세계는 근원(과거) 없는 세계, 즉 목적(미래) 없는 세계이고, 생산과 소비의 생물학적 주기에 전념하는 '부지런히 일하는 동물들'의 사회가 되는 것이다. 따라서 아렌트는 새로운 것만 숭배하고, 새로운 것에 연결된 과거를 망각하는 세계는 개인에게 **반복(répétition)**을 강요하고 있다는 것을 나타내고자 했다. 즉 아렌트는 받아들여지건 거부되건, 찬양하건 비판하건 그 전통이 바탕이 되어야만 새롭게 시작되는 요소가 자리잡을 수 있다는 것을 보여 주고자 했다.

시민들과 정당

아렌트는 앞의 개념뿐만 아니라 다른 종류의 문제점에 대한 분석도 시도했는데, 그 중 시민들과 정치의 관계에 대한 문제를 제기했다. 종종 정치에 대한 민심 이반과 저조한 투표 참여에 관한 문제점이 제기될 때 권고와 격려를 동원해 정치적 무관심을 개선하려고 애쓰지만 큰 실효는 거두지 못한다. 이러한 정치에 대한 불만 안에는 만인이 민주정치 혹은 **구조적인 효과**(effet de struc-ture)에 대한 어떤 위험을 느낀다는 것에 동의하는 것일 수도 있다. 따라서 정치에 대한 불만은 정치 생활 조직과 정당들의 양상과 활동 양식에 관련되어 있다. 실제로 정당들은 정당의 일에 무관심한 시민들의 투표권을 이용한다. 주도와 결정에 대한 거의 어떤 여지도 지니고 있지 않은 '보통' 시민이 제 목소리를 낼 때는 실제적으로 한 정당에게 투표를 한 것이 되고, 이제는 사적인 일에 전념할 일만 남게 된다. 그렇다면 정치적 자유는, 즉 보다 넓은 의미에서의 공화정은 시민들의 자발적인 조직 덕택에 정당들에 대항하여 이루어지는 것인가?

그러나 한나 아렌트는 인간사에 관련된 정치와 행정(혹은 관리) 사이의 근본적인 차이점에 대하여 분석을 시도했다. 즉 정치 행위는 안락한 생활과 빈곤의 감소 등에 관한 문제점을 해결해 주지 않는다. 정치와 행정간의 차이점을 인정하지 않는다면 정치 행위는 사회·경제적 문제점들에 대해 '기술적인' 처리와는 연결되지 않은 채 그러한 문제점을 해결하는 것이라는 개념에 도달하게 된다. 그러나 정치 행위는 일반 시민이 지니지 않은 행정 업무와 재정을 처리할 수 있는 자질과 사회 현실에 대한 인식 등 다양한 능력을 필요로 한다. 이러한 조건 안에서 정당이 존재하는 것은 합법적이면서도 필수적인 일이 된다. 민주정치 안에서 모든 시민은 정부에 관련된 직책을 수행하겠다고 주장할 수 있다. 그러나 여전히 그 일을 행하는 데 수반되는 자질과 능력을 겸비한 사람을 통치하기에 가장 적합한 인물로 선정해야만 한다. 이렇게 실제적으로 통치할 능력이 있는 **정치가들**(hommes d' État)을 모으고 선별하는 것이 바로 정당의 역할이다. 다음장에서는 에릭 베유의 분석을 재검토하면서 행위에 대한 논제를 계속 전개시켜 나가겠다.

2. 사회 구조 변형으로서의 행위: É. 베유의 정치철학

행 위

한나 아렌트와 마찬가지로 에릭 베유 역시 행위는 개인적인 계획에 의거하여 공동체에 개인의 법과 능력을 강요하는 작품 활동인 제작과는 본질적으로 구별된다고 보았다. 행위가 특정 개인들에 의해 지휘되고 '통치될'(gouvernée)지라도 행위는 근본적으로 집단적인 행위에 그 토대를 둔다. 그러나 행위에 대한 베유와 아렌트의 근본적인 차이점 중 하나는, 비록 행위가 개인적인 계획의 실현으로 축소될 수는 없다 하더라도 베유는 행위를 결정된 궁극 목적으로 보았다는 것이다.

그렇다면 이 궁극적인 목적은 무엇을 의미하는 것인가? 그것의 의미를 잘 파악하기 위해 이미 제3장에서 살펴보았던 현대 사회의 특징들에 대해 다시 검토해 보아야 할 것이다. 현대 사회는 과학과 기술에 토대를 둔 노동과 생산성·진보를 그 중심 가치로 삼는 사회를 일컫는다. 이러한 사회에서 개인들은 우선 본질적으로 노동자의 신분을 지니게 된다. 즉 개인들은 지식이나 경험의 습득을 통해 자신의 위치를 구성하고 가치화시켜 생산과 교환 과정 속에 유용한 도구로 변형된다. 따라서 인간들은 사회 영역에서 사물로 간주되거나, 혹은 스스로 자신들을 사물로 간주한다. 이러한 상황에서 개인들은 사회 메커니즘 총체 안에 작용하는 목표의 기능에 객관화되고 선택되고 동일시된다. 따라서 노동자로서의 개인들은 자체적으로 가치를 지니지 못하게 된다. 결국 개인들의 가치는 그들의 효용성과 그들에게 '대가'(prix)를 부여하는 지식과 경험으로 이루어진 능력 안에 내재하게 되는 것이다. 이러한 영역에서 개인들의 존재는 그 자체로 궁극 목적을 지닐 수 없게 되고, 사회가 진보하는 데 유용한 역할을 할 수 있는가에 달려 있게 되는 것이다.

배유의 행위에 대한 이같은 분석은 주요한 고찰을 부여해 주고 있는데, 앞에서 제시한 사회와 개인의 객관화에 대한 특성은 60-70년대처럼 사람들의 반란을 부추기지 않았다. 마찬가지로 이것은 근대 사회와 '예술과 과학'의 발달에 대항하여 투쟁할 것을 제안한 루소의 방식과도 연결되지 않는다. 즉 이러한 성격의 진보는 한편으로 인류에게 수세기 동안 인류가 지녀온 상황과는 비할 데 없는 물질적인 상황에 도달하게 해주었다. 다른 한편으로는, 사회에 합류하게 되면서 개인은 첫번째 교육 형태로 자신을 집단 내의 유용한 구성원으로 간주하는 것을 배우게 된 것이라 할 수 있다. 이렇게 노동과 사회 역할 훈련을 통해 개인은 자신의 본성과 강한 열정을 자제할 수 있게 되면서 동시에 보편적인(집단) 규범에 순응하게 되는데, 즉 '사물화'(chosification) 과정인 **사회화**(socialisation) 과정으로 전이된다. 더 정확히 말하면, 노동은 개인을 보편화시키고 객관적 현실에 맞서 나가면서 자신의 본성에 대한 특징을 넘어설 수 있게 하기에 교육적이라 할 수 있다. 따라서 여기서의 문제점은 항시 보다 나은 합리적인 생산과 교환의 메커니즘으로 규정된 현대 사회를 비난하는 게 아니라, 인간의 첫번째 교육으로 간주되는 부와 안락함에 대한 생산적인 메커니즘 체제의 실질적이고 필연적인 특징을 인식하는 것에 관련되고, 동시에 사회 생활이 불충분한 이유에 대해 밝히는 데 있다.

우선 사회 생활이 불충분한 이유는 개인들에게 인간으로서 누려야 할 삶의 조건을 충분히 보장해 주지 않는 것에서 비롯된다. 실제 자유를 전제로 하는 이러한 사회 생활은 어떤 사물이나 개인의 유용성과는 별개로 자체적으로 가치와 궁극 목적을 지니고 있어야 한다. 또한 사회 생활은 자유롭고 합리적인 평등한 존재들로 구성된 공동체를 전제로 한다. 그러나 현대 사회는 개인들에게 자신들을 사물로 인식할 것을 강요했는데, 다시 말하면 개인들을 의존 관계 조직 속에 두어 실제적으로 그 누구도 자신의 주인이 되지 못하는 권력 관계 속에 가두어두었다고 할 수 있다.

여기서 계급과 의존 관계로 이루어진 사회 메커니즘을 일괄하여 비난하는 것만으로는 만족할 수 없을 때부터 정치 행위는 이해된다. 베유가 추상적 **도덕주의**(moralisme abstrait)라고 일컬은 이러한 입장은, 아무것도 제안할 수도 용납할 수도 없기에 어떤 순수한 정치적인 개념에는 이르지 못한다. 추상적 도덕주의는 자유와 평등의 **순수한**(pure) 요구이고, 순수한 자유와 평등은 결코 실현될 수 없기에 실존하는 모든 것은 그처럼 나쁜 상태에 있게되는 것이다. 따라서 더 많은 자유와 평등을 향해 발전하고자 하는 모든 행위는 현존하는 불평등과 예속 상태를 감수할 수 있는가에 의문을 제기하는 것으로, 즉 어떤 실제적인 행동(현실적이고 구체적으로 행동하는)은 진정한 동의의 대상이 될 수 없다는 것이다. 결국 **원론**(principes)만을 추구하는 도덕주의자가 채택할 수 있는 유일한 태도는 순수한 **비판적** 입장을 지니는 것이다. 그러나 이러한 태도는 어떤 경우에는 권력을 지닌 사람들이나 야심가 혹은 기술 관료들이 자의적으로 행위에 대한 실제적이고 구체적인 계획안을 설정하는 발판을 만들어 주는 결과를 초래하기도 한다.

진정한 정치적인 문제는 단순히 전적으로 현대 사회를 비판하는 것에서 벗어나 생산과 소비 메커니즘 안에서 사람들이 주체가 아니라 대상이 되어 버리는 사회 생활에 의해 자유가 부정되는 상황을 극복하는 것에서부터 제기된다. 따라서 정치 행위는 개별적인 존재로서의 개인들은 이러한 메커니즘에 '사로잡혀'(pris) 있지만 시민으로서의 개인들은 집단적으로 **주인**(maître)이 된다는 것을 전제로 하는 것이다. 다시 말하면, 정치 행위는 상황의 구체적인 범위 내에서 평등과 자유 의지를 지니도록 강요되는 자유롭고 평등한 시민들로 구성된 공동체를 통해 불평등하고 제한적인 ——개인들이 맡고 있는 '역할'(fonction)로 제한하는—— 사회를 점차적으로 변형시키는 것이다. 구체적으로 말하면, 정치적 문제는 끊임없이 되풀이되어 제기되는 문제와 토론의 대상이 되는 **정**

의(justice)를 실현시키는 것에 관련된다. 정치는 그 행위를 통하여 시민 공동체가 지속적으로 정의를 재형성한 모델, 즉 효과의 절대필요성과 상황에 의해 야기되는 불평등과 평등의 기본적인 요구를 양립시켜 나가는 모델을 실현하는 것이다. 또한 정치는 그 행위를 통하여 인간들을 유용한 도구의 위치로서만 아니라 주체의 위치를 지니게 하기 위해서, 혹은 인간들을 단지 유용성이나 대가로서만 머무르지 않고 스스로 자신의 가치와 궁극 목표를 지닌 존재로 이끌어 나갈 수 있기 위해서나 마찬가지로, 인간들이 '자유의 기쁨' 을 찾을 수 있도록 하기 위해 공동체가 그 자체 사회 구조에 영향을 미치는 것을 말한다. 인간이 자유롭고 평등한 주체로 머무르기 위해서는 발전에 대한 예속과 이익을 거부하고, 동시에 인간이 스스로 기술과 과학의 발전에 도덕적 가치를 부여하기 위해 편성되는 범위 내에서 가능해진다. 이렇게 행위를 목적으로 한 공동체 조직은 국가를 규정한다.

국 가

국가는 상호간 긴밀한 의존 관계로 연결된 기구——정부, 의회, 행정부, **선거인단**(corps électoral)에 포함된 국민 조직——안에 이루어진 공동체 조직이다. 따라서 국가는 루소의 주장처럼 계약에 의해 체결된 개인들의 조합이 아니라 함께 행동하는 여러 기구로 이루어진 조직체라 할 수 있다. 이러한 의미에서 보면, 보통선거를 통해 자신의 목소리를 표명하는 대중조차도 하나의 제

도가 되는 것이다. 실제로 법률은 투표권과 피선거권의 실행 조
건을 결정지으면서 정치적인 활동을 할 수 있는 국민의 자격 사항
을 결정한다.

그러면 이러한 국가 조직의 존재 논리는 무엇일까? 국가 조직
은 공동체에게는 본질적인 가치들을 표명하고, 의식적으로 공동
체에 제기되는 문제들을 구성하고, 그 문제들의 해결책을 결정해
실행에 옮긴다. 국가의 의지를 표명하는 의회와, 최종적으로 결
정을 내리고 해결책을 제시하는 정부와, 기술적인 집행 방식 임
무를 맡고 있는 행정 기구는 공동체의 문제를 구성하고 해결하는
과정 안에서 협력한다. 따라서 베유가 명명한 **입헌**(Constitutionnel)
국가의 모든 기구들은 직접적이건 간접적이건 공동체 전체에 의
해 통제를 받는다.

그러면 국가의 본질적인 임무는 무엇인가? 국가의 임무는, 첫
째 물질적인 영역(경제적·군사적인 면 등)과 도덕적인 영역에서
민족의 정체성을 구성하는 가치 체계를 보존하면서 공동체의 생
존을 보장하고 **지속시켜**(durer) 나가는 것이다. 이런 기본적인 가
치들은 공동체가 정의로 이루어진 것, 즉 인간 관계와 가장 충만
하고 합리적인 공동 생활 조직으로 이루어졌다는 생각에 조응한
다. 따라서 이 모든 것에서 파생된 정치의 기본 문제는 효능의 절
대필요성과 정의의 가치를 양립시키는 것이다. 다시 말하면, 효
능성을 주요 기준으로 삼는 기술적인 조치보다는 공동체가 본질
로 간주하는 가치들을 존중하는 것을 우선으로 여기면서 시시각
각으로 변하는 대내외적 상황에 의거하여 국가의 중대한 이익을

유지하는 정치를 형성해야 하는 것이다. 따라서 베유의 표현대로 공동체의 '살아 있는 도덕'(morale vivante)이 생산·교환 과정과 일반적으로 물질적이고 기술적인 발전보다 우위에 놓이기 위해서는, 국가는 이러한 조직의 힘을 빌려 공동체가 그 고유의 사회 구조에 영향을 미치게 하여야 한다.

결국 국가 행위는 진보적이면서 지속적이다. 과학과 기술·노동 구조 방식이 발전하는 것처럼 공동체의 가치 체계와 공동체를 특징짓는 존재 개념도 발전한다. 바로 이 점이 주목해야 할 사실이다. 아렌트의 표현을 빌리자면, 새로운 세대들이 전통을 개혁시키면서 지속시킨다는 사실은 주도자들의 의지에 달려 있는 국가의 발전은 정의가 개선되는 방향 안에서, 즉 개개의 시민에게 더 효과적이고 최상의 것으로 인식되는 평등과 자유의 방향 안에서 이루어질 수 있다는 것을 의미하는 것이다. 결국 국가의 최종 목표는 개인에게 자신이 만족하는 삶의 형태를 고안해 낼 수 있는 가능성을 보장해 주는 것이다. 이러한 국가의 목표는 만인의 의지에 달려 있기에 그 목표가 정치 발전 상황을 나타내는 것이라고 할 수 있지만, 그렇다고 절대적인 상황을 나타내는 것은 아니다. 이렇게 발전적인 관점에서 국가는 조직을 통해 공동체가 사람들을 노동 생활에 전념케 하여 노동에서 '소외'(aliénation)되는 '사물화'(chosification) 현상을 막아내는 역할을 하도록 하여야 한다.

사회화와 도덕화 과정으로서의 교육

이러한 범주 내에서 교육은 정치적인 의미를 담고 있다. 우선 교육은 사회화와 도덕화의 행위로 범주화시킬 수 있는데, 사회화의 행위는 교육자가 아이들이나 학생들에게 사회의 전통적이고 합리적인 가치 체계와 동시에 계산적인 가치 체계에 일치하는 행동 형태인 사회 규범의 준수를 주입시키는 행위를 말한다. 즉 사회화의 행위는 제도와 법률, 사회적인 압박이라는 매개체에 의하여 사회가 개인에게 강요하는 규율의 성질을 띠고 있다. 일상 생활의 접촉·갈등과 동시에 자신의 위치와 결과·이득을 차지하기 위해 벌이는 경쟁을 통해 개인은 거기에 자신의 이해 관계가 있다고 생각하기 때문에 사회의 기본적인 규범에 일치하고자 한다.

앞에서 보았듯이, 이러한 사회화는 개인에게 보편적인 규칙을 준수하도록 강제하기에 결국 자신 안에 내재하고 있는 본성과 폭력성을 제어할 수 있게 해주는 첫번째 교육이 된다. 그러나 사회화가 교육의 전부라고 할 수 없는 것처럼 사회 생활이 인간 삶의 전부가 될 수는 없다. 사회화는 개인이 단순히 규범을 준수하는 것을 넘어 규범의 준수에 대해 자문하고 그것을 판단하는 상황에 이르렀을 때에만 그 의미를 지니게 된다. 여기서의 판단 기준은 도덕적인 기준으로, 이성적인 존재로서의 인간의 평등성에 대한 기준, 즉 자연법에 대한 판단 기준이 되는 것이다. 교육받은 개인은 만인에 의해 용납되고 동의된 품행, 즉 이성적이면서 분별력 있는 행동을 부과하는 모든 법률의 합법성을 인정하는 자를 말한다. 마찬가지로 교육받은 개인은, 예를 들어 인간 존재의 범주를 단순한 것으로 간주하게 하고, 자신과 마찬가지로 타자 안에 내재되어 있는 인격을 존중하지 말라고 강요하는 법률이 부적합하다는 것을 파악하는 자를 지칭한다.

따라서 교육자는 개인에게 법을 준수하고 올바른 행동을 하도록 강요하는 사회의 규율에 참여한다. 그러나 교육의 궁극 목표는 개인에게 생각하게 하고, 특히 '**이러한 것**(ceci)을 왜 하여야 하고, 경우에 따라서는 **저것**(cela)은 왜 해서는 안 되는지에 대해 개인이 이해하도록'[89] 이끌어야 하는 것이다. 합법적이고 제도적인 체계 안에 살고 있다고 생각할 때, 개인은 이렇게 정치적인 영역에 접근하게 되는 것이다. 즉 개인은 명료한 정치적 계획의 근원이 될 수 있는 공동체 전체 조직에 관한 판단을 형성한다. 그러나 이러한 계획은 개인 자신에 관련된 일이다. 개인을 사고하도록 이끄는 교육자는 개인에게 생각해야 한다는 것을 말할 의무는 없다. 즉 개인에게 의미가 없고 폭력적이거나 상반된 상태에 있다는 것을 파악할 수 있도록 방법과 기준을 부여하는 것은 교육자가 할 일이지만, 자신에게 있어 사리에 맞고 만족할 만한 것을 전후 연결성 있게 형성하는 것은 바로 개인 자신의 일이 되는 것이다.

시민의 행위

이러한 관점에서 '보통' 시민의 행위는 무엇일까? 비유에 따르면, 국가 안에서 행위의 원동력은 정부이다. 실행을 수반한 유일한 결정을 내리는 정부는 강한 의미에서의 행위라 할 수 있다. 그러나 정부의 결정은 시민으로서 자유롭고 평등한 사람들에게 관련된다. 이 때문에 전적으로 정치적인 결정은 문제에 대한 조치를 취하게 해주는 토론을 통해 형성된다. 정부는 또한 행위를 설명하고 그 행위를 국민들이 받아들이도록 해야 하기에 이러한 결정 사항들은 토론을 **수반**(suivies)한다. 실제로 정부의 가장 효과적인 행동은 공동체의 적극적인 지지와 개인 의지의 협력을 얻는 게 되어야 한다. 이같은 대중의 신뢰와 적극적인 지지를 얻지 못하는 정부의 행위는, 매우 단호한 처벌로는 효과를 발휘할 수 없는 은밀히 이루어지거나 드러내 놓고 하는 크고 작은 수많은 저항에 부딪치게 된다. 결국 강한 국가――정부의 행위가 효과적이 되어야 하는 것과 마찬가지로 국가는 강해야 한다――는 힘과 위협이나 억압에 토대를 둔 국가가 아니다. 때로 임시방편으로 시급히 시행되는 이러한 해결책들은 결코 장시간 효과를 발휘할 수 없다. 예기치 않은 상황이 발생하는 경우를 제외하고는 이런 임시방편적인 해결책에 의지하는 것은 정치적인 지력의 결핍, 즉 고대 그리스인들이 **주도면밀성**(phronesis)이라고 일컬었던 실천적인 지혜가 결핍된 것이고, 베유에 의하면 그러한 문제들이 **위기**(crise)로 직면하기 전에 문제점들을 처리하고 예견할 수 있는 능력이 결핍된 것을 나타내는 것이다.[90] 국가의 능력은 결국 '**시간이 경과함에 따라** 결국에는 쇠퇴하게 되는 힘'[91]에 기초하는 게 아니라 정부의 권한에 기초하는 것이다. 이러한 권한은 토론의 장을 만들어 결정 사항이 나오는 지점까지 토론을 이끌어 나가고, 토론에서 결정된 사항에 동의하고 실행될 수 있도록 하기 위해 토론이 수반되게 할 수 있는 정부의 능력에 달려 있다. 따라서 정치 안에서의 성공은 권한에 달려 있고, 위급한 조치를 취해야 할 경우나 더 중대한 사안에 있어서 힘을 사용하는 것은 정부의 무능함만을 드러내는 것이라 할 수 있다.

이렇게 정부가 행위의 원동력이라면 여론을 형성하는 시민의 역할은 무엇인가? 여론은 정부의 행위에 **반응하여**(réagit) **예** 혹은 **아니오**라는 답변을 하기도 하고, 또한 정부의 행위를 지지해 그 행위를 성공으로 이끄는 데 기여하거나 반대로 정부 행위를 거부하기도 한다. 따라서 시민의 역할과 관련하여 수동적인 시민과 적극적인 시민 사이의 구별짓기를 분명히 해두어야 한다. 아리스토텔레스의 정의에 의하면, 활동적인 시민은 '공직'에 종사하거나 공직에 종사할 가능성이 있는 사람을 일컫는다.[92] 이 정의에 비춰보면 민주주의 안에서 거의 모든 시민은 적극적인 시민이라 할 수 있다. 베유는 아리스토텔레스와는 달리 시민들이 정치 토론에 참여하는 방식에 따라 수동적인 시민과 활동적인 시민을 구별지었다.[93] 베유에 따르면 수동적인 시민은 여론을 형성하고 표명하는 것에는 참여하지만, 여러 가지 사안에 대하여 계획을 세우거나 제안을 하는 것에는 참여하지 않는 특징을 지니고 있다. 즉 수동적인 시민은 개인적인 이해 관계(물질적인 면)와 관심을 가지는 가치 체계들(도덕적인 견지)을 표명하는 것으로 만족한다. 이에 반해 활동적인 시민은 물질적인 이해 관계와 어떤 감성 형태를 표현하는 것에서 더 나아가 자신이 통치를 하는 입장에 서서 모든 것에 대한 관점을 생각한다. 즉 적극적인 시민은 현재 직면한 상황에서 효능과 정의의 필요성을 양립시켜 나가는 문제와, 또한 기술의 불가피성과 도덕의 절대필요성, 그리고 공동체에 존재하는 여러 정당의 이해 관계와 합의의 대상이 될 수 있는 가치 체계들을 양립시켜 나갈 수 있는 방법에 대해 구상을 시도한다.

여기서 여론과 정당의 역할이 제기되는데, 현정부의 정책을 실질적으로 대체할 수 있는 어떤 정책을 제시해야 하는 것은 여론의 임무가 아니라——여론은 이러한 능력을 지니고 있지 않다——정당의 임무라 할 수 있다. 즉 행위에 대한 신뢰할 수 있는 계획을 형성하기 위해서는 대다수 시민이 이해하지 못하고 있는 정보와 상황에 대한 인식, 행정 기구와 국사에 대한 기술적인 제어 능력이 필요하다. 따라서 정당들은 그 내부에서 진정한 권위와 능력을 갖춘 사람들을 선별하고 배치해서 정책 안건을 형성하는 임무를 지고 있다. 다시 말하면 정당의 역할은 정부의 행위를 지지하거나, 만일 정당이 야당의 입장에 있다면 바뀌어지는 정부를 준비하는 것에 있다.

정치 행위의 여러 단계

이 장에서는 어떤 틀에 얽매이지 않는 자유로운 분석을 시도하면서 시민의 행위는 무엇인가라는 질문에 대한 답변을 얻어내는 데 주력하고자 한다. 최종적인 결정을 내릴 수 있기 때문에 정부가 국가 안에서(그리고 국가의) 행위의 원동력이라면 **시민들의 행위는 정부의 결정 사항에 영향을 미치는** 것이라 할 수 있다. 그러면 여기서 여론과 관련하여 정치적 행위의 여러 단계를 구분지어 보도록 하자.

1. 시민 전체를 고려한다면, 이 시민 전체는 여론의 압력을 통해 정부에 영향력을 드러낸다. 이러한 여론은 저마다 자기 일에 전념하면서 자신의 이해 관계를 표명하는 개별적인 대다수 개인들인 소극적인 시민들(베유의 개념)에 의해서만 표명될 수 있다.[94] 이 경우에는 소수의 통치자들만이 정책을 세울 수 있고, 이때에 형성된 순전히 개인적인 견해들로 구성된 비조직화된 여론은 따라서 지도자(리더 · 지휘자 등)에게 절대적인 신뢰를 부여하는 경향이 있다. 총선거로써 여론을 조사할 때, 이때 행하는 투표는 순수한 여론의 **반응**(réactif)을 나타내는 것이다. 즉 투표는 개인이 제안한 사항과 개인의 이해 관계에 대한 일치나, 혹은 거부 반응(또는 개인의 심정에 대한 반응)을 표명하는 것이다. 따라서 투표는 정치 행위의 **첫번째 단계**(일종의 제로 단계)를 규정한다.

2. 그러나 대다수의 현대 국가에서의 여론은 항상 어느 정도 구조화되어 있다고 할 수 있다. 우선 여론은 이익 집단(노조나 전문가 단체 등)과 종교나 도덕 · 문화 원칙을 옹호하고자 하는 단체(교회 · 환경보호단체 · 문학단체 등)로 나누어져 있다. 이러한 상황에서 시민들은 장관이나 정당의 사무총장이 할 수 있는 것처럼 적극적으로 활동할 수 없게 되는데, 직업상의 이익이나 문화적 · 도덕적인 이익의 옹호 같은 모든 합법상의 활동은 한 정책으로 제

시되기에는 충분치 않기 때문이다. 그러나 엄밀한 의미에서 이런 활동을 하는 시민들은 수동적이라 할 수 없다. 실제로 이익 단체로 조직되면서부터 그 단체는 정부 당국과 협의하는 단계에 있거나, 그렇게 되려고 추구하는 단계에 있게 되고, 그만큼 이익 단체는 통치자에게 자신들의 이익과 국가 전체의 이익이 일치한다는 것을 설득시킬 수 있게 되면서 더 효과적으로 자신들의 위치를 지켜나가게 되는 것이다. 따라서 이익 단체에 있어서 필요한 사항은 '정치적' 안건 형태로 자신들의 요구 사항들을 주장하는 것이다. 예를 들면, 노조는 산업 활동의 일정한 한 분야에서의 고용 보호는 국가 경제를 위해서 필요하다는 것을 증명하려고 할 것이다. 위와 같은 집단 행위는 정치 활동의 **두번째 단계**에 해당된다.

3. 여론은 또한 참여한 사람들의 선호도에 따라 구성된다. 자신들이 결정해야 하는 입장에 서서 상황을 분석하는 적극적인 시민들은 정당 안에 조직되거나 정당을 둘러싸고 조직된다. 만일 활동적인 시민들이 일정 정당에 가입하여 열성적으로 행동하지 않거나 공적인 책임감을 맡는 일에 종사할 야망이 없다면, 정치 또는 정당간에 이루어지는 토론이나 국회 혹은 정부와 의회간에 이루어지는 토론 등을 '지켜보면서'(suivent) 자신들의 의견을 표명한다. 즉, 이들은 위에서 언급한 정치 토론의 목적을 이해하고, 이 토론이 공동체 전체(시나 공공 장소, 언론 매체, 가까운 단체 등에서 속행될 때는 그 토론에 참여하기도 한다. 또한 이들은 정치 계획안이나 수긍할 수 있는 해결책 항목을 생각하기에 특정 정당에 대한 편애를 드러내기도 한다. 이러한 정치 활동은 **세번째 단**

계에 해당된다.

4. 마지막으로, 활동적인 시민은 어떤 정당이나 공직에서 일정한 수준의 위치에 있으면서 공적인 책임을 맡고 있는 사람을 말한다. 이러한 책임감은 일정한 신분(국회의원이나 장관 등)에 의해 정해지지만, 이러한 종류의 책임은 (개인 자문위원이나 모든 정치인들이 지닌 책임감과 마찬가지로) 일정한 틀을 지니지 않을 수도 있다. 따라서 결정할 수 있는 중심 위치에 근접하면 할수록 시민의 행위는 더 활동적이게 된다. 다시 말하면, 정부의 일에 더 근접하게 참여하면 할수록 더 활동적인 시민이 될 수 있는 것이다.

3. 학교 기관과 행위

행위의 취미와 관념

정치 행위를 인식하는 두 가지 방식에서 아렌트와 베유의 논거는 상호 연결성을 드러낸다. 한나 아렌트는 경제와 행정 업무는 전문가의 일에 관련된 것이지만 효과적이거나 도덕적인 논리에 관련된 일이 아닌 경우에는 만인에게 행동할 수 있는 가능성을 부여해야 한다고 주장했다. 또한 아렌트는 자유와 평등, 개개인의 인격과 공동체의 단결은 행위 안에서만 드러나기 때문에 행위는 인간의 순수한 생존 방식이며, 노동과 소비라는 반복되는 주기 속에 살아간다면 인간은 그저 복잡한 동물일 뿐이라고 주장했다.

이 때문에 아렌트가 주장하는 행위는 이익의 옹호나 도덕적 가치의 옹호에만 국한되지 않는다. 인간은 공동체의 어떤 형태에 대한 취미를 가지고 있고, 또한 행위 안에서 체험한 자유를 진정한 경험과 양립시킬 수 있는 공동 생활과 생존 방식을 선택하기 때문에 행동한다. 따라서 시민들이 국가에 실제적으로 참여하는 여부는 어떤 영역(시의회나 지방의회)에서 공동으로 행동하는 것에 참여할 수 있는 실제적인 가능성에 달려 있게 되고, 이러한 가능성 없이는 개인들의 삶은 더 이상의 정치적 삶이 존재하지 않는 노동과 익명의 사생활에 파묻히고 만다.

아렌트가 시도한 이러한 분석은 정치 영역과 사회·경제의 제반 문제들 사이에 존재하는 근본적인 차이점에 토대를 둔다. 그것은 한편으로는 정치는 그런 문제들에 관련된 것이 아니고, 다른 면에서 이러한 문제들은 완전히 기술적인 조치에 의해 해결될 수 있다는 것에 근거한다. 그러나 아렌트가 시도한 행위 영역과 기술 영역 사이의 구별은 논의의 여지가 된다. 사회 제반 문제들을 전적으로 기술적인 해결책에 의존하려면, 경제학과 사회학 자체가 민족과 정치의 다양한 선택과는 무관하게 가치 체계에 따른 여러 가지 사실에 대한 모든 해석에 대하여 중립적인 입장을 고수하는 **실증적인**(positives) 학문이 될 때에만 가능하기 때문이다. 이렇게 볼 때 아렌트의 이론은 결국 일종의 실증주의에 기초하고 있다고 할 수 있다.

여기서 제기한 문제와 관련하여 정치 문제를 경제·사회에 관련된 모든 문제들과 분명히 구별지을 수 있다고는 생각지 않는다. 제5장에서 이미 강조했듯이, 정치가의 일은 경제학자나 사회학자·법학자의 일과는 일치하지 않는다. 즉 플라톤이 명시한 이래 정치가가 전념하는 문제는 공동체의 방어와 정의를 실현하는 문제로 규정되었다. 그러나 이러한 문제에 대한 해결 방책에는 또한 국사에 대한 엄격한 관리, 공공 업무에 대한 행정 업무, 사회 갈등의 해결 문제도 포함된다. 따라서 여기서는 정치·경제·사회 요소가 밀접하게 얽혀 있다는 것을 고려하면서 정치를 생활 경험으로 분석한 아렌트의 분석 방식을 그대로 따를 수 있는지——그러면 어떻게 할 수 있는지——에 대한 것을 알아내는 데 있다.

그러나 본서에서는 이러한 문제들을 다루지 않는 대신 다음과 같은 방식——임시적인——으로 결론을 내리는 것에 만족하고자 한다. 정치 활동이 어떤 능력을 전제로 한다면, 즉 정치 활동이 그 무엇보다도 토론을 지휘할 수 있는 능력에 기초한 권한을 전제로 한다면 두 가지로 요약될 수 있다: 첫째, 행위는 전체 공동체의 행위이지만 공동체는 공동체가 선택한 정부의 중재에 의해 행동한다는 것이다. 두번째는, 이러한 관점에서 시민이 결정을 행하는 어떤 **단계**(niveau)에 참여하는 것만으로는 활동적인 시민으로 규정지을 수 없다는 것이다. 시민의 이해 **정도**(degré)와 순수한 정치적인 문제, 즉 정부에 관련된 문제의 분석 정도에 따라 활동적인 시민을 판단하는 근거가 되는 것이다. 단지 투표권의 시행으로써만 공적 생활에 참여하는 시민들 중에서도 정치를 생각하는 사람과 생각지 않는 사람의 차이점과, 어떤 계획에 의거하여 **결단을 내리는** 사람들과 단지 **자신의 입장만을 표명**하는 사람들간의 차이점을 명확히 구별해야 하는 것이다.

그러나 시민의 이런 두 가지 양상에 대한 차이점이 투표 자체에서는 드러나지 않는다는 것은 명백한 사실이다. 어떤 면에서는 공화국 대통령 후보에 대하여 심층적인 분석을 바탕으로 해서 투표를 행사했거나, 순간의 기분이나 우연성으로 투표했거나 그 결과는 마찬가지가 되는 셈이다. 그러나 정치에 적극적인 행동주의와는 무관하게 '정치 제반 문제'를 생각하는 시민은 토론에 참여하면서 활발한 정치 활동을 한다. 즉 이들 시민은 다른 사람들이 정치 문제를 이해할 수 있도록 도우면서 한 정책을 따르는 것에서 벗어나, 어떤 경우에는 정해진 기준에 의거하여 정책을 거부하거나 혹은 정책에 적극적인 지지를 보내 그 정책이 성공하는 데 기여하기도 한다.

제도로서의 학교 체계

민주정치 안에서 학교는 활동적인 시민을 양성해야 한다. 즉 학교는 개인들에게 물질적이고 사회적·직업적인 이해 관계를 보호하는 것을 가르치는 데 전념해서는 안 되고, 마찬가지로 개인들에게 정치 투쟁을 행하고 권력을 위한 경쟁이나 당파의 술책 같은 것을 가르치는 것에 전념해서도 안 된다. 다시 말하면, 학교의 역할은 개인들에게 정당에 관련된 토론의 참여나 단체, 온갖 종류의 선거 운동을 통해 이루어지는 정치 생활을 가르치거나, 혹은 개인들에게 훌륭한 정치 계획안을 세울 수 있는 온갖 지식을 전해 주는 데 있지 않다. 따라서 학교의 행위는 앞에서 대략 살펴본 정치 활동의 단계에서 두번째나 네번째 단계에는 해당되지 않고 세번째 단계에 위치한다. 결국 학교의 역할은 이미 제5장에서 살펴보았듯이, 시민들이 특정 정당에 대한 편애를 가지지 않도록 이끌면서 관련된 정치 문제들을 이해하고 토론할 수 있도록 개인들에게 토론의 취미와 문화를 부여하는 데 그 목적을 둔다. 학교는 또한 개인들로 하여금 합리적인 기준을 토대로 해서 독단적이고 폭력적인 정치를 거부할 수 있고, 권리를 침해하는 정치에 대해서는 반대할 수 있도록 교육시킨다. 마지막으로, 학교는 정확한 판단을 기초로 해서 어떤 정치에 동의하고 효과적으로 그 정치를 지지하는 수단을 부여해야 한다. 따라서 한나 아렌트의 정치적 행위 개념은 이러한 '기초적인' 교육을 토대로 해서 개개인이 자유롭게 정치 생활을 선택하도록 하는 데 있다.

이처럼 학교 **제도**(institution)는 국가 안에서 소홀히 할 수 없는 정치적인 중요성을 지니고 있다. 이 점을 좀더 세밀히 살펴보기 위해서는 토론과 대화를 구별한 베유의 방식을 이용하겠다.

토론과 대화

에릭 베유는 〈대화의 미덕〉[95]이라는 텍스트에서 토론과 대화의 구별짓기를 주요 테마로 내세우면서, 우선 정치 토론은 독립된 개인들이 아닌 **기구**(institutions)들간의 토론, 즉 국가나 정당들간에 행해지는 토론이라는 것을 명시했다. 사실 실제적인 정치 역할을 하는 것은 기관들이지 독립된 개인들은 아니다. 유권자들은 조직된 범위 내에서는 정치적 힘을 표명하지만 기관들은 기관으로서 지켜나가야 하는 여러 가지 이해 관계——자신들의 위치 · 자산 · 영향력 등——를 지니고 있다. 따라서 모든 정치 토론은 소위 사상 토론에 '물질적인' 이익 옹호가 섞이는 것이 불가피한 일이다. 그렇기에 정치 토론은 실제적인 문제, 즉 힘의 균형 관계나 타협의 해결책 같은 문제에는 접근하지만 기본적인 가치 규정이나 자유 · 평등 같은 것에 관해서는 진정한 합의에 도달하지 못하게 된다.

결국 이러한 합의의 추구는 기본적인 가치 규정에 기초한 공정한 토론으로 인식된 **대화**(dialogue)의 특징을 지니게 된다. 문화적인 사람들의 특별한 활동인 대화는 특히 대학이나 초 · 중 · 고등학교에 종사하는 교육자들이 그 유용성과는 별개로 그들 내부 속에 특정 가치로 지니고 있는 지식 체계에 관심을 가지는 활동이다. 이렇게 대화는 삶의 방식, 사고 방식, '사물을 보는' 방식 등 인간(Humanités)에 관련된 모든 지식(예술 · 문학 · 역사 · 철학 등)을 실천하는 것을 나타낸다. 그리고 위에 열거한 개개의 지식 영역 안에서 여러 작품에 대해 토론하면서 그 작품들이 가치를 지닌 것인지 혹은 무가치한 것인지, 사리에 맞는 것과 맞지 않는 것을 규정하는 데 전념하는 것이다. 그러나 작품이나 책 · 작가들에 대한 토론은 그것이 (원칙적으로) 목표를 가지고 있지 않고, 정치적인 가치에 대한 보호나 물질적이고 사회적인 이익에 대한 옹호를 가지고 있지 않는 범위 내에서는 대화에 들어간다.[96]

베유에게 있어서 공정한 대화의 실천은 정치적인 의미를 지니는 것이다. 즉 이 대화의 실천은 학교가 아닌 정당이나 언론 매체 등에서 이루어지는 정치 토론과는 구별되는 것으로, 사회적으로는 유용하지 않지만 정치적으로는 본질적이고 결정적이 되는 것이다.

실제로 대화를 한다는 것은 가치 체계와 개념·기초 지식을 중시하면서 실제로 이러한 것들을 규정하고자 애쓰는 것이다. 따라서 이러한 대화의 실천에 관심을 가지는 문화적인 사람들은 사회적이고 정치적인 투쟁에 직접적으로 참여하지 않는다. 이들은 문화적인 사람들의 자격으로 사회적·정치적 투쟁에 참여하지 않는 것이지만, 이들 문화적인 사람들은 자신들의 행위가 순전한 이해 관계에 관련된 갈등이나 단순히 권력을 위한 투쟁으로 평가 절하되는 것을 피하기 위해 정치 토론에 영향을 미치는 데 주력한다. 고대 아테네의 소크라테스가 명시한 대로 이들 문화적인 사람들의 역할은 정치가의 **말을 액면 그대로 받아들이는 것이고**(prendre au mot), 그들이 기준으로 삼은 정의·번영·자유의 가치를 **중시하는**(au sérieux) 것이다. 다시 말하면, 이들의 임무는 이러한 가치 체계들을 확장시켜 나가는 것으로, 즉 가능한 보편적인 개념으로 규정하는 것이다. 따라서 이들의 임무는 시간이 지남에 따라 정치 토론이 하나의 진정한 **정치** 토론이 되는 것에 의의를 제기할 수 있는 대화 공동체를 창설하는 목표를 지니고 있다.

여기서 간략하게 살펴본 학교 제도와 국가 안에서 학교가 차지하는 위치에 대한 분석에 대해 결론을 맺고자 한다. 학교는 아이들에게 정치와 정치 안에 내포된 이해 관계에 관한 갈등과 힘의 관계를 가르치는 장소가 아니라 정치와는 별개의 문화가 이루어 지는 장소이고 동시에 여러 원리들, 즉 헌법은 무엇인가? 권리는 무엇인가? 국가란 무엇인가? 정보와 커뮤니케이션은 무엇인가? 정의란 무엇인가? 등에 대하여 의문이 제기되는 곳이다. 이 때문에 학교는 매우 정치적인 장소로, 학교의 역할은 개인들간의 분쟁과 경쟁이 만연한 가운데 개인들에게 여러 원리를 고려하게 할 수 있는 여론을 형성하는 데 있다. 따라서 학교는 끊임없이 인간 존재와 공동체에 대한 문제를 제기하면서 제도로서 고유의 영향력을 지니며, 정치 생활을 권력을 위한 피할 수 없는 투쟁으로 특징짓고, 자유를 인식하는 방식 등 이 모든 문제점에도 불구하고 영향력이 여전히 보장될 수 있기를 추구하는 곳이라 할 수 있다. 이에 대해 베유는 학교는 토론이 아니라 대화가 이루어지는 장소이고, 대화 없는 정치는 다른 수단을 통하여 전쟁이 지속되는 것 뿐이라는 것을 알려 주는 장소라고 표현했다.

결 론

　본서에서는 민주주의에 적합한 교육에 대해 파악하는 것에 전념했다. 이를 위해 우선적으로 민주주의에 대한 정의를 살펴보았다. 민주정치는 법률의 통제를 받는 제도로 조직된 공동체가 존재하는 것을 전제로 한다. 이리한 국가의 제도적인 조직이 헌법에 기초할 때부터 이 조직은 공화정이라 일컬을 수 있다. 이때의 공화정은 서로 견제하는 동시에 기본법을 따르는 국민에 의해 통제를 받는 삼권(입법·사법·행정)을 형성하는 하나의 **구조**(structure)로 정의된다. 따라서 민주정치는 **통치 방식**(mode de gouvernement)으로서 이러한 구조와 구별된다. 즉 민주정치는 개개 시민에게 시민권을 소유할 수 있고 통치 책임을 행사할 수 있는 열망을 지닐 수 있게 하는 가능성을 부여해 주는 특징을 가지고 있다. 원칙적으로 현대 민주주의는 일종의 개방된 귀족정치——귀족정치의 고유한 의미에서 보면——라고 할 수 있고, 따라서 민주주의는 '정치가'의 자질을 인정받은 뛰어난 정치가들에 의해 통치되는 제도이다. 그러나 통치자를 선정하고 통치자의 행위를 인정하는 것은, 국민 전체에서 이루어지는 것으로 시민 개개인은 정정당당하게 정치적인 경쟁에 합류할 수 있다.

　공화정과 민주주의는 결코 천편일률적으로 정의될 수 없기에 위에서의 도식적인 구별은 논의 대상이 된다. 따라서 여기서는 플라톤이나 아렌트의 주장에 기초해서 공화정과 민주주의를 대립시킬 수도 있다.[97] 그러나 여기서의 구별은 본서에서 전념하는 문제를 제기하고 그 문제에 대한 답변을 형성할 수 있는 범위 내에서 증명된다.

그러면 민주정치에 적합한 교육은 어떤 형태로 이루어져야 하는가? 민주주의는 우선 공화정이다. 그러나 공화정 안에서 형성된 교육 원리는 여러 제도의 인식에 기초한 법을 준수하는 것을 전파하는 것이다. 실제로 공동체의 존재는 법의 권위에 토대를 두고 있고, 법은 개개인으로서의 시민을 보호한다. 몽테스키외의 표현을 빌면 '법률과 조국에 대한 사랑'[98]을 고취시켜야 되는 것이고, 이 감정은 개인적인 것보다는 보편적인 이해 관계가 우세하기 위해서는 반드시 필요한 것이다.

따라서 공화정은 시민들에게 보편적인 의식과 전체 공동체의 이익에 일치하는 만인에 의해 용납된 행위 원리를 채택할 능력을 요구한다. 즉 시민들에게 18세기에는 **덕**(vertu)이라 불렸던 도덕성 형태를 요구하는 것이다. 모든 국가가 국가의 법과 제도, 그리고 사람들을 활기차게 해주는 정신에 의해 국민들을 가르친다면 공화정은 훌륭한 국가 교육자가 되는 것이고, 그 국가 안에서 개인들은 폭력과 독단에 대한 거부와 법에 의해 보장되고 인정된 자유에 기초한 진정한 공동체를 구성하는 것을 배우면서 **교화된다고**(s'humanisent) 할 수 있다.

공화정 고유의 의미에서 위의 개념은 기초적인 것으로, 이러한 개념이 없이 시민 교육은 생각할 수 없다. 그러나 이 개념은 교육의 기초만을 규정하고 있기에 민주정치에 적합한 통치 방식과 일치해야 하는 교육을 생각해 보아야 한다. 베유의 표현에 따르면, 교육은 '막강한 통치자'의 신분을 지니고 있는 활동적인 시민들을 양성하는 데 주력해야 하는 것이다. 이러한 시민을 양성하기 위해서는 우선 개인이 자유롭게 판단할 수 있는 훈련, 합리적인 것과 비합리적인 것을 구별할 수 있는 능력, 그리고 결정을 내려야 할 필요가 있을 경우에 토론할 수 있는 능력을 보존하고 강화시키는 기본 품성의 습득과 규율을 통해 모든 교육이 시작되는 것을 전제로 한다. 따라서 본서에서는 이같은 절대필요성에 따라 규율과 **아비투스**의 주입 문제에 관해 살펴보고자 애썼다.

활동적인 시민의 신분은 동시에 판단 교육을 기초로 한다. 즉 시민은 생각할 줄 알아야 하고, 순전히 개인적인 이해 관계만을 표명하는 것에서 벗어나 보편적인 관점에 접근해 공동체 전체의 이익을 고려하면서 제반 문제점들을 생각할 줄 알아야 한다. 이와 관련하여 두 가지 판단 형태, 즉 두 가지 보편 교육 형태를 고려하면서 이 논고를 분석했다. 우선 **비판적**(critique) 판단을 살펴보았고, 이때 보편성은 법률의 보편성으로, 판단의 기준은 헌법을 이루고 있는 기초법과 인격의 존중에 기초한 인권으로 규정된다. 따라서 권리 원칙에 토대를 둔 비판적 판단은 일반적인 인간의 개념을 규정하는 공동체의 기본 가치 체계에 따라 용납될 수 있는 것과 용납될 수 없는 것을 구별해 준다. 또 다른 형태의 비판으로 순전히 **정치적**(politique) 판단을 규정하고자 했다. 이러한 유형의 판단에서는 비판이 필수적이라 할지라도 비판보다 더 앞서 이루어져야 한다. 즉 정치적 판단은 가능한 해결책을 고려해야 하고, 제안하거나 결정하거나 혹은 동의하는 데 필요한 적합한 것을 생각해야 한다. 이 각각의 경우에 있어서 현재 공동체 조직을 개선하면서 당면한 제반 문제를 해결하는 데 적합한 정의 모델을 설정하는 것이 급선무라는 것을 앞장에서 살펴보았다. 그러나 이 정치적 판단 형태에 대하여 규정된 기준은 없다. 보편성——만인에 의해 용납되고 이해되는 정의 개념——은 주어지는 게 아니라 점차적이면서 항시 일시적으로 형성되는 것이기 때문이다. 따라서 정치 판단 교육은 토론 교육을 행하여 다양한 관점들에 대한 비교를 통해 더 현실적이고, 구체적으로 공동체의 이익과 문제에 해당되는 전체 개념에 접근하기 위해 자신의 견해에만 머무르는 편협성에서 벗어나게 하는 것이다.

결국 이 두 가지 유형의 판단은 평등이라는 공통된 개념을 내포하고 있다. 비판적 판단은 현재나 과거의 행위에 특정 국가의 법률이나 권리 선언 같은 것에 의해 작성된 평등 개념을 적용시키는 것으로, 즉 행위에 **과거**(passé)로부터 이어받은 정의와 평등 개념——정치적이고 사법적인 전통으로 구성된 개념——을 적용시키는 것이다. 따라서 정치적 판단은 **미래**(avenir)를 고려하는 것으로, 다시 말하면 공동체의 미래 조직을 결정하면서 전통을 재해석하고 계승해 나가는 것을 고려하는 것이다.

마지막으로, 판단 교육은 개개인에게 공적 생활을 선택할 수 있거나——그리고 정치적 경쟁에 직면하는 선택을 할 수 있고——혹은 '보통' 시민으로서 행동할 수 있는 가능성을 부여해 주는 것이다. 이 마지막 관점에서 판단 교육은 시민들에게 (정부에) 영향을 미치는 사람들에게 영향을 미치면서 자신들의 운명을 지배할 수 있게 하거나, 혹은 합리적인 정치에 활발하게 참여해 자신의 힘과 효능을 끌어내거나, 비합리적이고 폭력적이고 비효과적인 정치에 대해 실질적으로 통제를 하고 제재를 가하게 해주는 역할을 한다.

본서에서 이루어진 고찰의 맥락은 토론의 개념을 통해 부여되었다. 모든 정치 공동체는 본래 토론을 기초로 하고, 엄격한 의미에서의 토론의 본질은 유일한 합의에 토대를 두는 것이라 할 수 있다. 그러나 갈등의 해결 방법으로 폭력을 거부하는 것 이외에는, 토론에서 모든 사람이 만장일치로 동의하는 것은 결코 존재하지 않는다. 의견이 엇갈리는 것은 당연한 것이고 이 때문에 토론을 하는 것이고, 이와 관련하여 정치는 힘의 관계로만 합의를 찾는 격렬한 논쟁의 대체물이라 할 수 있다. 즉 갈등에 대한 '정치적인' 해결책으로 정당들이 폭력을 거부할 경우는 일상적인 토론으로 표현된다.

또한 토론은 공동체에 정체성을 부여하고, 공동체의 정체성은 점차적으로 폭력 언어보다는 언어 폭력을 택하는 공통된 역사를 지니고 있는 모든 공동체의 다양한 구성원들이 맺고 있는 관계에 의해 규정된다. 따라서 국가의 정체성은 모든 사람의 공통된 견해나 동질의 문화에 그 토대를 두는 게 아니라, 공동체를 구성하는 정당들을 결합시키기도 하고 대립시키기도 하는 토론의 방식과 문제들에 의해 결정된다. 이에 헌법은 이러한 토론의 기본적인 법규를 규정한다. 다시 말하면 헌법은 다양한 권력과 기관들 간에 토론을 조직하여, 거기서 시민들이 자신들의 의견을 피력할 수 있는 기회를 주고, 그 토론에서 결정을 내리면서——일시적으로——토론을 종결지을 것을 지시한다. 이러한 관점에서 공화정은 발언권이 개방된 공공의 장소를 구성하고, 민주주의는 개개인에게 토론에 참여할 권리를 주어 제반 문제들을 토론으로 해결하는 통치 방식이라 할 수 있다.

따라서 공공 토론의 참여와 국사에 관심을 가지는 것은 바로 민주주의의 중심 요소가 되는 것이다. 대부분의 정치 토론에서 시민들은 인플레를 낮추게 하거나, 가능한 수준에서 핵무기 개발 저지를 유지하거나 하는 것 같은 전문적 조처에는 관심을 가지지 않고, 자신들이 전념하거나 자신들의 생존이 달려 있는 이해 관계와 자신들이 지니고 있는 가치 체계에 대해 말한다. 이러한 정치 토론을 통해 교육은 원칙적으로 정의의 이치에 맞는 모델을 공통으로 형성할 수 있는 것을 행할 수 있도록 해준다. 즉 교육은 토론에서 개개인의 마음속에 단순히 올바르거나 합리적이라고 느끼는 것(ressenti)을 의식적인 의지(volonté)의 형태로 형성할 수 있게 해준다. 또한 교육은 통치자들이 사회적 · 경제적 · 군사적 · 외교적인 조건을 고려해 실현시키려고 애쓰는 여러 가지 가치들을 지닌 정치 생활을 부여하는 데 공헌한다.

따라서 활동적인 시민들의 교육은 토론에 참여하는 수단——정보와 방법——과 취미 · 습관을 부여해 주는 것으로, 끊임없이 공동체의 미래가 걸린 원리(가치들)의 문제를 제고하게 하고, 그러한 원리 없이는 정치는 단지 비생산적인 경쟁 게임에 지나지 않는다는 것을 재고하도록 구성되어야 한다. 그 의미 안에서 교육은 소크라테스적인 의미에서의 변증법의 실천이나 대화의 실천을 포함하는 것으로 교육자의 행위에 도덕적이고 정치적인 의미를 부여하는 것이다. 그러나 교육은 교육자들이 이러한 실천에 익숙해 있고, 스스로를 문화적인 사람으로 생각하는 조건하에서 이루어진다.

이와 같이 본서에서의 고찰은 교육과 민주주의 개념에 토대를 두고 이루어졌다. 이 두 가지 개념과 관련하여 여러 가지 형태에 대한 실체를 대립시킬 수 있는데, 우선 실제적인 정치가에 의해서가 아니라 자신에게 관련된 이해 관계에만 주력하는 평범한 사람들에 의해 통치되는 민주주의를 비교할 수 있다. 즉 대부분의 국가에서 대다수를 차지하는 국민은 공공 책임을 맡고자 하는 갈망이 없다. 대다수 사람들은 정치 문제에는 전혀 관심이 없고, 국사에 참여하는 선택을 하는 사람들은 필요한 수단을 지니고 있지 않게 된다. '공공 생활'을 지휘하기 위해서는 시간과 재정 수단을 구비해야 함과 동시에, 정당·조합·압력 단체에 영향력과 권한을 획득하는 것을 스스로 인식해야 한다. 즉 기관과 '기구'의 무게와 획득된 위치의 무게는 결코 소홀히 할 수 없는 것들이라는 것을 인식해야 한다.

이러한 사실은 의심할 여지가 없지만 민주주의 정의에 아무것도 가져다 주지 못한다. 이것은 기하학의 원리와 마찬가지로 현실에서는 완벽한 원둘레가 존재하지 않지만, 원둘레를 정의하려고 하는 기하학자를 잘못하는 거라고 비난하는 것과 같은 이치이다. 원둘레의 개념을 지닌 범위 내에서 실제적인 원둘레의 불완전함을 강조할 수 있기 때문이다. 즉 이런 순수한 관념이나 정의 없이는 원둘레의 개념에 대한 불완전성을 알 수 없게 된다. 따라서 민주주의의 '이상적인' 정의의 탐구는 결론 없는 관념의 세계에 대한 실체도 소홀히 할 수 없게 만든다. 왜냐하면 사고 없는 모든 판단은 비판적 판단조차도 불가능하게 만들기 때문이다.

이와 같은 논증을 교육에 적용시킬 수 있는데, 본서에서는 민주적인 교육 개념을 파악하려고 시도하면서 교육과 민주주의의 긴밀한 결합 관계를 찾으려고 했다. 그렇다고 교육 체계의 실체가 전후 연결성 있고 만족감을 준다는 것을 의미하는 것은 아니다. 이러한 관점에서 교육의 민주화에 회의를 표하는 역사가와 사회학자들의 비판은 필요불가결하다고 할 수 있다. 이들 역사가와 사회학자들의 비판은 교육의 다양한 체계가 혼용될 수 있는 개념을 전제로 한다. 즉 부르디외의 방식대로 자유주의 학교, 공화정 학교, 민주주의 학교의 신화를 드러낼 수 있는 것으로 어떤 **신화**(mythe)를 실제적으로 드러내는 것이라면, 즉 그 개념이 실제 안에 구체화되거나 어떤 일정한 순간에 드러나는 신념을 드러내는 것이라면 그 시도는 유용하고 필요한 일이다. 그러나 철학적인 개념을 드러내는 것일 때는, 그 시도는 추상적인 것이 되어 버린다. 본래 개념은 불완전한 것 이외에는 결코 깨닫지 못하는 이상적인 조절 장치로 판단하고 발전하게 한다. 따라서 희미한 선으로 그려진 원을 제시하면서 원둘레의 정의에 대해 이의를 제기하고자 하는 사람처럼 여러 가지 사실을 고려하면서 그 개념을 논박할 수는 없다.[99] 마찬가지로 비판에 어떤 의미를 부여하는 개념——비판을 이해할 수 있게 만들어 주는 개념——없이는 그 비판을 논박하는 것은 불가능하다. 즉 자유와 민주주의의 개념들이 의미를 지니고 있지 않다면, 힘의 관계와 지배의 비판은 마찬가지로 그 의미를 상실하게 된다. 그러나 이 비판이 과학적인 효력을 지니고 있을 경우에는 비판이 가능하고, 이때의 비판은 교육 체계의 발전 안에서 한 역할을 하게 되는 것이다. 따라서 가능성의 조건이 되는 개념들을 형성하고자 하는 것을 철학의 임무로 내세우는 게 타당한 일이 될 것이다.

원 주

1) 보다 더 확장된 분석으로는 제3장에서 다룬 〈베유의 현대 사회 정의〉를 참조할 것.

2) 《프랑스사 *L'Histoire de France*》 Jean Favier 감수, Fayard, 《기원 *Les Origines*》, Karl Ferdinand Werner, t. 1, ch. 1, p.19 이하 참조.

3) Éric Weil, 《철학 논리 *Logique de la philosophie*》의 한 분석을 차용, Vrin, 1950, ch. 5, 〈논쟁 discussion〉, p.121 이하.

4) Claude Nicolet, 《프랑스의 공화주의 *L'Idée républicaine en France*》, Gallimard, 1982, ch. 5, p.159 이하 참조.

5) Moses Finley, 《고대 민주주의와 현대 민주주의 *Démocratie antique et démocratie moderne*》, Payot, 1976, p.60 이하; 《정치 의도 *L'Invention du politique*》, Flammarion, 1985.

6) Maurice Duverger, 《정치 제도와 헌법 *Institutions politiques et droit constitutionnel*》, PUF, coll. 〈Thémis〉, 1973, p.31 이하 참조.

7) Aristote, 《정치학 *Politique*》, Vrin, 1982, Livre III, ch. 7, p.198 이하 참조.

8) 이 원리는 1789년 8월 26일의 〈인간과 시민의 권리 선언〉 제6조에 다시 채택되었다.

9) Moses Finley, 《정치 의도》, *op.* cit., p.21 이하 참조.

10) Éric Weil, 《정치철학 *Philosophie politique*》, Vrin, 1956, 3부, p.131 이하.

11) Montesquieu, 《법의 정신 *Esprit des lois*》, Garnier-Flammarion, 1979, Livre XI, ch. 6, p.294 이하 참조.

12) 프랑스의 경우는, 1789년 혁명 시기에 택한 〈인간과 시민의 권리 선언〉과 1946년 헌법을 1958년 헌법이 재확인한 전문을 참조.

13) 〈인간과 시민의 권리 선언〉, 제9조.

14) 제4장과 제5장을 참조.

15) 따로 재판관이 없었던 고대 그리스인들은 추첨으로 선발된 시민으

로 구성된 인민 집회 회원들이 판결을 내렸다(예를 들어 아테네의 Héliée).

16) Hannah Arendt, 《혁명론 *Essai sur la Révolution*》, Gallimard, 1967, p.322.

17) É. Weil, 《정치철학》, *op. cit.*, p.203.

18) Jean-Jacques Rousseau, 《에밀 *Émile. Œuvres complètes*》, coll. 〈Bibliothèque de la Pléiade〉, Gallimard, 1969, Livre II, t. IV, p.311 이하 참조.

19) 《에밀》, *op. cit.*, p.651 이하 참조.

20) Tite-Live, 《로마사 *Histoire romaine*》, III, 26-27 참조.

21) 일반 의지는 법을 형성하고, 그 법은 특별한 경우에 반드시 적용되는 것을 보장하지 않는다.

22) Kant, 《교육에 관한 고찰 *Réflexions sur l'éducation*》, trad. fr. A. Philonenko, Vrin, 1966. 이 책은 《교육론 *Traité de pédagogi*》이란 제목으로도 출간되었다. (Hachette, trad. fr. J. Barni, revue par P.-J. About, 1981)

23) 《교육에 관한 고찰》, *op. cit.*, p.71; 《교육론》, *op. cit.*, p.36.

24) Étienne Tassin, 〈칸트 혹은 훈육 논리 Kant ou la raison du dressage〉, in 〈교육시키는 것은 훈련시키는 것인가 Enseigner: dresser?〉, 《*Les Amis de Sèvres*》, n° 4, 1986년 12월, p.17. 칸트의 훈육에 대한 분석으로 위의 평론집을 광범위하게 참조했다.

25) 《교육에 관한 고찰》, *op. cit.*, p.125 ; 《교육론》, *op. cit.*, p.69.

26) *Ibid.*

27) *Ibid.*

28) Hegel, 〈체육론 Discours du Gymnase〉(1811년 9월 2일), in 《교육서 *Textes pédagogiques*》, trad. B. Bourgeois, Vrin, 1978, p.108 이하 참조.

29) 칼 로저스 이론의 기본 요점들 중의 하나이다. Carl Rogers, 《배움의 자유 *Liberté pour apprendre*》, Dunod, 1984.

30) Michel Foucault, 《감시와 처벌 *Surveiller et Punir*》, Gallimard, 1975.

31) "어느 날 부대의 조련을 막 끝내고 미셸 대공은 이렇게 말했다: '좋았어, 그들은 그저 숨만 쉴 뿐이야.'" 《감시와 처벌》, *op. cit.*, p.190.

32) 《감시와 처벌》, *op. cit.*, III부, 3장, p.197 이하 참조.

33) 건축가 클로드 니콜라스 르두는 아르크에 스낭의 제염소 채취장 건설에 이러한 감시 양식을 명백히 적용했다. Mona Ozouf, 《프랑스 학교 *L'École de la France*》, Gallimard, 1984, p.286 이하 참조.

34) 《감시와 처벌》, 〈규격화된 제재 La sanction normalisatrice〉, *op. cit.*, p.180 이하 참조.

35) 이러한 주제에 관한 문헌은 적지 않게 소개되어 있다. 여기서는 사회학에서의 P. 부르디외의 논문, 역사와 철학에 관련된 푸코의 주장, 정신분석학이나 심리학에서의 칼 로저스 이론, 학교를 국가 이념으로 본 알튀세 이론을 언급하는 것으로 충분하다.

36) 예로 《팡세 *Pensées*》, 418 후반부 참조(Éd. Lafuma).

37) Jacqueline de Romilly, 《페리클레스 시대 아테네의 위대한 소피스트들 *Les Grands Sophistes dans l'Athènes de Périclès*》, Éd. de Fallois, 1988, p.253, 주 3, p.221 이하, p.264 이하 참조.

38) Aristote, 《니코마코스 윤리학 *Éthique à Nicomaque*》, trad. Tricot, Vrin, 1979, 1103 b 2 이하, p.89.

39) Durkheim, 《프랑스에서의 교육 발전 *L'Évolution pédagogique en France*》, PUF, 1969, p.37.

40) *Ibid.*

41) 특히 P. 부르디외와 J.-C. 파스롱 공저의 《재생산 *La Reproduction*》과, 부르디외의 《구별짓기 *La distinction*》《호모 아카데미쿠스 *Homo Academicus*》《국가 귀족 *La noblesse d'État*》 참조. Éditions de Minuit. 《국가 귀족》에서 부르디외는 아비투스를 "명백한 재생산으로 이르지 않는 실천 안에서 작용하는 것으로, 개인의 성향 체계가 사회 공간의 다른 위치로 체화되는 경로의 산물이 분류화되는 발생론적 도식"으로 설명했다. p.9.

42) Pierre Bourdieu, 《구별짓기》, Éd. de Minuit, 1979, p.538.

43) *Ibid.*, p.485.

44) 《정치 철학》, *op. cit.*, 2부, p.61 이하 참조.

45) 레닌은 《국가와 혁명 *L'État et la Révolution*》에서 여러 번 반복해서 이러한 규범들과 가치 체계를 존중하는 습관(habitude)은 공산주의의 우수한 양상을 드러낸 것이라고 주장했다.

46) 《구별짓기》, *op. cit.*, p.203.

47) 부르디외는 개인의 모든 행동을 자산——정확히 말해 언어상의 자산이나 문화적인 자산——축적과 사회 공간을 구성하는 다양한 시장에 대한 물질적이고 상징적인 이익을 예상할 수 있는 것으로 언급했다.

48) 여기서 privé는 전체적으로 사회 기능을 고려하지 않는 것을 의미한다.

49) É. 베유, 〈대중과 역사적인 개체들 Masses et individus historiques〉, in 《평론과 강연 Essais et Conférences》, Plon, 1970, t. II, p.284 이하 참조.

50) 프랑스에서는 1958년의 헌법 전문에서 '1789년 권리 선언에서 제정한 시민과 인간의 권리와 자유를 재확인' 하는 중간 단계에 머물러 있다가, 인권을 헌법에 규정시키는 것에 관해 토론 과정을 거쳐서 1971년 7월 16일 헌법위원회의 판례로 인권을 법으로 확고하게 규정시켰다. Jean Rivero, 〈공적 자유 Les libertés publiques〉, PUF, t. I, 〈인권 Les droits de l'homme〉, p.25 이하 참조.

51) habeas corpus를 글자 그대로 표현하면 '너는 (법 앞에) 육체를 제시하기 위한' '육체를 가지고 있다' 라는 뜻이 암시되어 있다. 따라서 habeas corpus는 "절차를 통해 재판관이나 법원이 감시자에게 육체적으로 수감자를 감금하는 합법성을 결정하는 목적으로 제시되었다." (A. Bourde, in 《세계백과사전 Encyclopaedia Universalis》, vol. 8, p.188a) 17세기 영국에서 완성된 이러한 법 절차는 자의적으로 행해지는 구속에 대해 시민을 보장해 주었다. 〈habeas corpus 법령〉(1679), in Stéphane Rials, 《인간과 시민의 권리 선언》, Hachette, coll. 〈Pluriel〉, 1988, p.485 이하 참조.

52) J. Rivero, 《공적 자유》, p.61 이하 참조.

53) 제21조와 제22조.

54) Léo Strauss, 《자연법과 역사 Droit naturel et histoire》, Flammarion, 1986, p.165.

55) J.-J. Rousseau, 《사회계약론 Du contrat social. Œuvres complètes》, coll. 〈Bibliothèque de la Pléiade〉, Gallimard, 1964, Livre I, t. III, ch. 8, p.364.

56) Spinoza, 《정치론 Traité de l'autorité politique. Œuvres com-

plètes》, coll. 〈Bibliothèque de la Pléiade〉, Gallimard, 1964, ch. 2, §4, p.923.

57) Kant, 《도덕형이상학 *Métaphysique des mœurs*》, Vrin, 1986, 1부, 〈권리론 Doctrine du droit〉, p.111 참조.

58) Kant, 《도덕형이상학 기초》, *op. cit.* 참조. 도덕적 인식 안에서의 자연법의 토대에 관해서는, É. Weil, 《정치철학》, 1부 참조.

59) Luc Ferry et Alain Renaut, 《정치철학 *Philosophie politique*》, PUF, 1985, t. III, 〈공화주의에서의 인권 Des droits de l'homme à l'idée ré-publicaine〉 참조.

60) 마르크스의 인권 비판에 관해서는, J. Rivero, 《공적 자유》, *op. cit.*, p.87 이하 참조. 마르크스 자신의 비판서로는, 《유대인 문제 *La question juive*》, coll. 〈Bibliothèque de la Pléiade〉, Gallimard, 《*Œuvres complètes*》, 1982, t. III, p.347 이하, 특히 p.365 이하 참조. 또한, Claude Lefort, 〈인권과 정치 Droits de l'homme et politique〉, in 《*Libre*》, nº 7, Payot, 1980; 《민주주의의 고안 *L'invention démocratique*》, Fayard, 1981, p.45 이하 참조.

61) 콩도르세의 사상은 누구보다도 쥘 페리 사상에 지대한 영향을 미쳤다. L. Legrand, 《쥘페리의 교육 저서에 나타난 실증주의 영향 *L'influence du positivisme dans l'œuvre scolaire de Jules Ferry*》, Librairie Marcel Rivière et Cᵢₑ, 1961 참조.

62) 제1조, "헌법에 의해 보장된 기본 기구: 공공 원조 기관(Secours publics)은 부모에게 버려진 아이들을 키우고 가난한 병자들의 고통을 덜어 주고 스스로 얻을 수 없을 거라고 인정된 가난한 자들에게는 일자리를 제공하기 위해서 창설되고 조직되어야 한다. 또한 만인에게 필요한 교육 부분에 대해 보장하고 모든 시민에게 공통된 공공 교육을 실시하는 공공 기관이 설립되고 구성되어야 한다." 1789년의 권리 선언은 1791년에 제정된 헌법 전문이 되었기에 헌법의 기본 원칙으로 1789년의 권리 선언과 마찬가지로 자유의 보장을 내세웠다.

63) Frédéric Rognon, 《우리 시대의 본원적 가치 *Les Primitifs, nos contemporains*》, Hatier, 1988 참조.

64) P. Bourdieu, 《재생산》, Éditions de Minuit, 1970, p.22 참조.

65) Michel Villey (《법과 인권 *Le droit et les droits de l'homme*》, PUF,

1983, pp.11 · 103 참조)의 주장대로, 아무것도 보장하지 않는다는 이유로 너무 많은 약속을 내걸었다고 인권을 비판할 수는 없다. 비판적인 평가 원리는 용납할 수 없는 것을 명확하게 규정할 수 있게 해준다. 즉 그 원리는 행동 과정을 부여하지 않는 대신 판단할(juger) 수 있는 기준을 명확히 했다. 그 의미에서 이 비판적인 평가 원리는 예측될 수 있는 법의 원리와 비교할 수 있는 원리에 기초한다. 위험 상태에 처한 사람에 대한 구조 의무 위반에 대한 처벌에 대한 조항(형법 제63조)을 예로 들어 보면, 구조 의무는 사고당한 모든 사람을 구조한다는 보장(promesse)을 담고 있지는 않지만 사고당한 사람을 앞에 두고 아무것도 시도하지 않은 사실에 대해서는 비난을 할 수 있다.

66) 48개국 중 8개국만이 기권하고 만장일치로 세계 인권 선언이 채택된 후에 설립된 대다수의 국가는 인권 선언을 명백한 기준으로 삼아 자국의 헌법을 제정했다. 이에 관해서는, 《공적 자유》, *op. cit.*, pp.106 · 111 참조.

67) Platon, 《국가 *La République. Œuvres complètes*》, coll. 〈Bibliothèque de la Pléiade〉, Gallimard, 1950, VIII, 555 b 이하.

68) 《정치학》, *op. cit.*, Livre III, ch. 16, 1287 b 30.

69) 《정치 철학》, *op. cit.*, p.205; 제6장 참조.

70) 《정치학》, *op. cit.*, Livre III, ch. 11.

71) 예를 들어, Albert Soboul, 《프랑스 혁명 *La Révolution française*》, Gallimard, 1989; François Furet, 《프랑스 혁명 사상 *Penser la Révolution française*》, Gallimard, coll. 〈Folio histoire〉, 1985 참조.

72) Éric Weil, 〈사료학의 가치와 권위 Valeur et dignité du récit historiographique〉, in 《철학과 현실 *Philosophie et Réalité*》, Beauchesne, 1982, p.177 이하 참조.

73) Pierre Nora, 《기억의 장소 *Les lieux de mémoire*》, Gallimard, 1984, t. I, 〈공화정 La république〉, p.17 이하 참조.

74) 이 점을 명확히 알기 위해서는, Mona Ozouf, 《프랑스 학교》, *op. cit.*, p.7 이하 참조.

75) 제1장 참조.

76) 이 문제를 해결하기 위해 여기서는 칸트의 《판단력 비판 *Critique de la faculté de juger*》을 이용할 것이다. 그러나 칸트 이론에서 절대적

으로 본질적인 문제에 속하는 미와 숭고함의 차이점과 자연미와 예술미 사이에 존재하는 차이에 대해서는 다루지 않을 것이고, 여기서는 본서의 주제인 예술품을 자주 접하는 것으로 인식된 문화에 대해서만 살펴보는 것으로 한정하겠다.

77) Kant, 《판단력 비판》, trad. Philonenko, Vrin, 1974, §33, p.119.

78) 취미의 상위론, 《판단력 비판》, *op. cit.*, §56, p. 162 참조.

79) 《판단력 비판》, *op. cit.*, §8, p.58.

80) 여기서 참고로 할 두 작가의 주장은 행위에 대한 이중적인 개념을 분명하게 규정시킬 수는 없다. 즉 이들 작가들의 주장에서 문제(pro-blème)의 영역에 대한 한계를 발견하게 된다. 따라서 행위에 대한 깊은 연구는 J. 하버마스의 이론 같은 현대 이론을 병행해야 할 것이다. 본서 에서는 행위의 분석과 교육 개념 사이의 명백한 관계를 설정할 수 있는 작가들의 주장만 다룬다는 것을 밝혀둔다.

81) Hannah Arendt, 《인간의 조건 *Condition de l'homme moderne*》, Calmann-Lévy, 1983, p.259.

82) 이에 대해 아렌트는 "국민의 자유는 사적 생활 안에 있습니다. 정 부 같은 권력에 대항하는 단순한 상태의 보호를 위해서만 권력이 존재할 뿐이라는 것과 사적 생활을 혼동하지 마세요"(《공화국 제도에 관한 단상 *Fragments sur les institutions républicaines*》, 《전집 *Œuvres*》, vol. II, p.507) 라고 한 생 쥐스트의 말을 인용하면서, 동시에 자신의 견해를 다음과 같 이 피력했다: "이러한 표현들은 인민 집회의 종말을 고하는 것이면서 분 명하게 혁명의 모든 희망에 대한 종말을 표현하는 것이다." 《혁명론》, *op. cit.*, p.360.

83) 이 같은 아렌트의 공화정 이론은 《혁명론》, 특히 367쪽 이하에서 전개시킨 이론을 참조.

84) H. Arendt, 〈교육의 위기 La crise de l'éducation〉, in 《문화의 위기 *La crise de la culture*》, Gallimard, coll. 〈Idées〉, 1972, p.224.

85) 《최고 교육과정에 대한 보고서 *Rapport sur le dernier degré d'instruction*》(24 Germinal an II) de Bouquier, in Bronislaw Baczko, 《민주 주의에서의 교육 *Une éducation pour la démocratie*》, Garnier, 1982, p.415 이하 참조.

86) 〈교육의 위기〉, *art. cit.*, p.239.

87) *Ibid.*, p.245.

88) *Ibid.*, p.247.

89) 《정치철학》, *op. cit.*, p.47 이하 참조.

90) *Ibid.*, p.167.

91) *Ibid.*, p.208.

92) 제1장 참조.

93) 《정치철학》, *op. cit.*, p.207 참조.

94) 여기서 대중(masse)은 조직화되지 않은 비정형의 개인 단체를 의미한다.

95) 《철학과 현실》, Beauchesne, 1982, p.297 이하. 또는 〈대학과 휴머니티 L'université et les humanités〉, in 《Commentaire》, n° 24/Hiver 1983-1984, p.872 이하 참조.

96) 문화적인 사람들의 대화가 진실을 드러내지 않는 토론에 불과할 수도 있는 것은 명백한 사실이다.

97) 한나 아렌트에게 있어서 개개인에게 자기 목소리를 낼 수 있게 해주는 공화정은, 정당들이 지배하는 민주정치와 특정 견해를 일반 의지로 표명하는 참주정치에 대립되는 것이다.

98) 《법의 정신》, *op. cit.*, Livre IV, ch. 5, 〈공화국에서의 교육 De l'éducation dans le gouvernement républicain〉.

99) 그러나 어떤 경우에도 가능한 행위를 생각할 수 없게 하는 것을 제시하면서 그 개념을 비판할 수 없다.

참고 문헌

여기 간략하게 소개한 참고 서적은 지시하는 역할, 즉 참조 사항에 대한 인용문으로만 한정시켰다는 것을 밝혀둔다. 이외의 보충 참고 문헌은 본서의 주에 명시해 놓았다.

H. Arendt, *La crise de la culture*, Gallimard, coll. 〈Folio〉, Paris, 1989.

Aristote, *Éthique à Nicomaque*, trad. J. Tricot, Vrin, Paris, 1979.

   Politique, trad. J. Tricot, Vrin, Paris, 1982.

B. Baczko, *Une éducation pour la démocratie*, Garnier, Paris, 1982.

P. Bourdieu, *La Reproduction*, en collaboration avec J.-C. Passeron, Éditions de Minuit, Paris, 1970.

   La distinction, Éditions de Minuit, Paris, 1979.

J.-A. de Condorcet, *Écrits sur l'instruction publique*, t. I, *Cinq mémoires sur l'instruction publique*; t. II, *Rapport et projet de décret sur l'organisation générale de l'instruction publique*, éd. C. Coutel et C. Kintzler, Edilig, Paris, 1989.

C. Coutel, *La République et l'École*, Textes et commentaires, Presses Pocket, coll. 〈Agora〉, Paris, 1991.

É. Durkheim, *L'Éducation morale*, PUF, Paris, 1974.

   Éducation et Sociologie, PUF, Paris, 1980.

M. Foucault, *Surveiller et Punir*, Gallimard, Paris, 1975.

G.W.F. Hegel, *Textes pédagogiques*, trad. B. Bourgeois, Vrin, Paris, 1978.

E. Kant, *Réflexions sur l'éducation*, trad. A. Philonenko, Vrin, Paris, 1974. Le même texte est édité chez Hachette sous le titre: *Traité de pédagogie*, trad. J. Barni revue par P.-J. About, Paris, 1981.

C. Kintzler, *Condorcet. L'instruction publique et la naissance du citoyen*, Le sycomore, Paris, 1984.

Platon, *La République. Œuvres complètes*, t. II, Gallimard, coll. 〈Bibliothèque de la Pléiade〉, Paris, 1950.

A. Prost, *Éloge des pédagogues*, Le Seuil, Paris, 1985.

J.-J. Rousseau, *Émile ou De l'éducation*, Garnier-Flammarion, Paris, 1966.

Du contrat social, Garnier-Flammarion, Paris, 1992.

E. Tassin, 〈Kant ou la raison du dressage〉, in 〈Enseigner : dresser?〉, *Les Amis de Sèvres*, n° 4, déc. 1986.

É. Weil, *Philosophie politique*, Vrin, Paris, 1989, 5ᵉ éd.

Philosophie et Réalité, Beauchesne, Paris, 1982.

박주원
파리 5대학 학·석사, 박사 과정 수료

현대신서
122

시민 교육

초판발행 : 2002년 10월 10일

지은이 : 파트리스 카니베즈
옮긴이 : 박주원
펴낸이 : 辛成大
펴낸곳 : 東文選

제10-64호, 78. 12. 16 등록
110-300 서울 종로구 관훈동 74
전화 : 737-2795

ISBN 89-8038-251-0 94370
ISBN 89-8038-050-X (현대신서)

【東文選 現代新書】

1	21세기를 위한 새로운 엘리트	FORESEEN 연구소 / 김경현	7,000원
2	의지, 의무, 자유 — 주제별 논술	L. 밀러 / 이대희	6,000원
3	사유의 패배	A. 핑켈크로트 / 주태환	7,000원
4	문학이론	J. 컬러 / 이은경·임옥희	7,000원
5	불교란 무엇인가	D. 키언 / 고길환	6,000원
6	유대교란 무엇인가	N. 솔로몬 / 최창모	6,000원
7	20세기 프랑스철학	E. 매슈스 / 김종갑	8,000원
8	강의에 대한 강의	P. 부르디외 / 현택수	6,000원
9	텔레비전에 대하여	P. 부르디외 / 현택수	7,000원
10	고고학이란 무엇인가	P. 반 / 박범수	근간
11	우리는 무엇을 아는가	T. 나겔 / 오영미	5,000원
12	에쁘롱 — 니체의 문체들	J. 데리다 / 김다은	7,000원
13	히스테리 사례분석	S. 프로이트 / 태혜숙	7,000원
14	사랑의 지혜	A. 핑켈크로트 / 권유현	6,000원
15	일반미학	R. 카이유와 / 이경자	6,000원
16	본다는 것의 의미	J. 버거 / 박범수	10,000원
17	일본영화사	M. 테시에 / 최은미	7,000원
18	청소년을 위한 철학교실	A. 자카르 / 장혜영	7,000원
19	미술사학 입문	M. 포인턴 / 박범수	8,000원
20	클래식	M. 비어드·J. 헨더슨 / 박범수	6,000원
21	정치란 무엇인가	K. 미노그 / 이정철	6,000원
22	이미지의 폭력	O. 몽젱 / 이은민	8,000원
23	청소년을 위한 경제학교실	J. C. 드루엥 / 조은미	6,000원
24	순진함의 유혹 〔메디시스賞 수상작〕	P. 브뤼크네르 / 김웅권	9,000원
25	청소년을 위한 이야기 경제학	A. 푸르상 / 이은민	8,000원
26	부르디외 사회학 입문	P. 보네위츠 / 문경자	7,000원
27	돈은 하늘에서 떨어지지 않는다	K. 아른트 / 유영미	6,000원
28	상상력의 세계사	R. 보이아 / 김웅권	9,000원
29	지식을 교환하는 새로운 기술	A. 벵토릴라 外 / 김혜경	6,000원
30	니체 읽기	R. 비어즈워스 / 김웅권	6,000원
31	노동, 교환, 기술 — 주제별 논술	B. 데코사 / 신은영	6,000원
32	미국만들기	R. 로티 / 임옥희	근간
33	연극의 이해	A. 쿠프리 / 장혜영	8,000원
34	라틴문학의 이해	J. 가야르 / 김교신	8,000원
35	여성적 가치의 선택	FORESEEN연구소 / 문신원	7,000원
36	동양과 서양 사이	L. 이리가라이 / 이은민	7,000원
37	영화와 문학	R. 리처드슨 / 이형식	8,000원
38	분류하기의 유혹 — 생각하기와 조직하기	G. 비뇨 / 임기대	7,000원
39	사실주의 문학의 이해	G. 라루 / 조성애	8,000원
40	윤리학 — 악에 대한 의식에 관하여	A. 바디우 / 이종영	7,000원
41	흙과 재 〔소설〕	A. 라히미 / 김주경	6,000원

42 진보의 미래	D. 르쿠르 / 김영선	6,000원
43 중세에 살기	J. 르 고프 外 / 최애리	8,000원
44 쾌락의 횡포·상	J. C. 기유보 / 김웅권	10,000원
45 쾌락의 횡포·하	J. C. 기유보 / 김웅권	10,000원
46 운디네와 지식의 불	B. 데스파냐 / 김웅권	근간
47 이성의 한가운데에서 — 이성과 신앙	A. 퀴노 / 최은영	6,000원
48 도덕적 명령	FORESEEN 연구소 / 우강택	6,000원
49 망각의 형태	M. 오제 / 김수경	6,000원
50 느리게 산다는 것의 의미·1	P. 쌍소 / 김주경	7,000원
51 나만의 자유를 찾아서	C. 토마스 / 문신원	6,000원
52 음악적 삶의 의미	M. 존스 / 송인영	근간
53 나의 철학 유언	J. 기통 / 권유현	8,000원
54 타르튀프 / 서민귀족 〔희곡〕	몰리에르 / 덕성여대극예술비교연구회	8,000원
55 판타지 공장	A. 플라워즈 / 박범수	10,000원
56 홍수·상 〔완역판〕	J. M. G. 르 클레지오 / 신미경	8,000원
57 홍수·하 〔완역판〕	J. M. G. 르 클레지오 / 신미경	8,000원
58 일신교 — 성경과 철학자들	E. 오르티그 / 전광호	6,000원
59 프랑스 시의 이해	A. 바이양 / 김다은·이혜지	8,000원
60 종교철학	J. P. 힉 / 김희수	10,000원
61 고요함의 폭력	V. 포레스테 / 박은영	8,000원
62 고대 그리스의 시민	C. 모세 / 김덕희	근간
63 미학개론 — 예술철학입문	A. 셰퍼드 / 유호전	10,000원
64 논증 — 담화에서 사고까지	G. 비뇨 / 임기대	6,000원
65 역사 — 성찰된 시간	F. 도스 / 김미겸	7,000원
66 비교문학개요	F. 클로동·K. 아다-보트링 / 김정란	8,000원
67 남성지배	P. 부르디외 / 김용숙·주경미	9,000원
68 호모사피언스에서 인터렉티브인간으로	FORESEEN 연구소 / 공나리	8,000원
69 상투어 — 언어·담론·사회	R. 아모시·A. H. 피에로 / 조성애	9,000원
70 촛불의 미학	G. 바슐라르 / 이가림	근간
71 푸코 읽기	P. 빌루에 / 나길래	근간
72 문학논술	J. 파프·D. 로쉬 / 권종분	8,000원
73 한국전통예술개론	沈雨晟	10,000원
74 시학 — 문학 형식 일반론 입문	D. 퐁텐느 / 이용주	8,000원
75 《시민 케인》	L. 멀비 / 이형식	근간
76 동물성 — 인간의 위상에 관하여	D. 르스텔 / 김승철	6,000원
77 랑가쥬 이론 서설	L. 옐름슬레우 / 김용숙·김혜련	10,000원
78 잔혹성의 미학	F. 토넬리 / 박형섭	9,000원
79 문학 텍스트의 정신분석	M. J. 벨멩-노엘 / 심재중·최애영	9,000원
80 무관심의 절정	J. 보드리야르 / 이은민	8,000원
81 영원한 황홀	P. 브뤼크네르 / 김웅권	9,000원
82 노동의 종말에 반하여	D. 슈나페르 / 김교신	6,000원
83 프랑스영화사	J. -P. 장콜 / 김혜련	근간

84 조와(弔蛙)	金敎臣 / 노치준·민혜숙	8,000원
85 역사적 관점에서 본 시네마	J. -L. 뢰트라 / 곽노경	8,000원
86 욕망에 대하여	M. 슈벨 / 서민원	8,000원
87 산다는 것의 의미·1─여분의 행복	P. 쌍소 / 김주경	7,000원
88 철학 연습	M. 아롱델-로오 / 최은영	8,000원
89 삶의 기쁨들	D. 노게 / 이은민	6,000원
90 이탈리아영화사	L. 스키파노 / 이주현	8,000원
91 한국문화론	趙興胤	10,000원
92 현대연극미학	M. -A. 샤르보니에 / 홍지화	8,000원
93 느리게 산다는 것의 의미·2	P. 쌍소 / 김주경	7,000원
94 진정한 모럴은 모럴을 비웃는다	A. 에슈고엔 / 김응권	8,000원
95 한국종교문화론	趙興胤	10,000원
96 근원적 열정	L. 이리가라이 / 박정오	9,000원
97 라캉, 주체 개념의 형성	B. 오질비 / 김 석	9,000원
98 미국식 사회 모델	J. 바이스 / 김종명	7,000원
99 소쉬르와 언어과학	P. 가데 / 김용숙·임정혜	10,000원
100 철학적 기본 개념	R. 페르버 / 조국현	8,000원
101 철학자들의 동물원	A. L. 브라쇼파르 / 문신원	근간
102 글렌 굴드, 피아노 솔로	M. 슈나이더 / 이창실	7,000원
103 문학비평에서의 실험	C. S. 루이스 / 허 종	근간
104 코뿔소 〔희곡〕	E. 이오네스코 / 박형섭	8,000원
105 《제7의 봉인》 비평연구	E. 그랑조르주 / 이은민	근간
106 《쥘과 짐》 비평연구	C. 르 베르 / 이은민	근간
107 경제, 거대한 사탄인가?	P. -N. 지로 / 김교신	7,000원
108 딸에게 들려 주는 작은 철학	R. 시몬 셰퍼 / 안상원	7,000원
109 도덕에 관한 에세이	C. 로슈·J. -J. 바레르 / 고수현	6,000원
110 프랑스 고전비극	B. 클레망 / 송민숙	근간
111 고전수사학	G. 위딩 / 박성철	근간
112 유토피아	T. 파코 / 조성애	7,000원
113 쥐비알	A. 자르댕 / 김남주	7,000원
114 증오의 모호한 대상	J. 아순 / 김승철	8,000원
115 개인─주체철학에 대한 고찰	A. 르노 / 장정아	7,000원
116 이슬람이란 무엇인가	M. 루스벤 / 최생열	8,000원
117 간추린 서양철학사·상	A. 케니 / 이영주	근간
118 간추린 서양철학사·하	A. 케니 / 이영주	근간
119 느리게 산다는 것의 의미·3	P. 쌍소 / 김주경	7,000원
120 문학과 정치사상	P. 페티티에 / 이종민	8,000원
121 하느님의 가장 아름다운 이야기	A. 보테르 外 / 주태환	근간
122 시민 교육	P. 카니베즈 / 박주원	근간
123 스페인영화사	J.- C. 스갱 / 정동섭	근간
124 포켓의 형태	J. 버거 / 이영주	근간
125 내 몸의 신비─세상에서 가장 큰 기적	A. 지오르당 / 이규식	7,000원

126 세 가지 생태학　　　　　　F. 가타리 / 윤수종　　　　　　　　　근간
127 모리스 블랑쇼에 대하여　　　E. 레비나스 / 박규현　　　　　　　근간
128 작은 사건들　　　　　　　　R. 바르트 / 김주경　　　　　　　　근간
129 번영의 비참　　　　　　　　P. 브뤼크네르 / 이창실　　　　　　근간
130 무사도란 무엇인가　　　　　新渡戶稻造 / 沈雨晟　　　　　　　7,000원

【東文選 文藝新書】
　1 저주받은 詩人들　　　　　　A. 뻬이르 / 최수철·김종호　　　　개정근간
　2 민속문화론서설　　　　　　　沈雨晟　　　　　　　　　　　　　40,000원
　3 인형극의 기술　　　　　　　A. 훼도토프 / 沈雨晟　　　　　　　8,000원
　4 전위연극론　　　　　　　　　J. 로스 에반스 / 沈雨晟　　　　　12,000원
　5 남사당패연구　　　　　　　　沈雨晟　　　　　　　　　　　　　10,000원
　6 현대영미희곡선(전4권)　　　N. 코워드 外 / 李辰洙　　　　　　절판
　7 행위예술　　　　　　　　　　L. 골드버그 / 沈雨晟　　　　　　　절판
　8 문예미학　　　　　　　　　　蔡 儀 / 姜慶鎬　　　　　　　　　절판
　9 神의 起源　　　　　　　　　何 新 / 洪 熹　　　　　　　　　16,000원
10 중국예술정신　　　　　　　　徐復觀 / 權德周 外　　　　　　　24,000원
11 中國古代書史　　　　　　　　錢存訓 / 金允子　　　　　　　　14,000원
12 이미지 — 시각과 미디어　　　J. 버거 / 편집부　　　　　　　　12,000원
13 연극의 역사　　　　　　　　　P. 하트놀 / 沈雨晟　　　　　　　절판
14 詩 論　　　　　　　　　　　　朱光潛 / 鄭相泓　　　　　　　　　9,000원
15 탄트라　　　　　　　　　　　A. 무케르지 / 金龜山　　　　　　10,000원
16 조선민족무용기본　　　　　　최승희　　　　　　　　　　　　　15,000원
17 몽고문화사　　　　　　　　　D. 마이달 / 金龜山　　　　　　　8,000원
18 신화 미술 제사　　　　　　　張光直 / 李 徹　　　　　　　　　10,000원
19 아시아 무용의 인류학　　　　宮尾慈良 / 沈雨晟　　　　　　　　절판
20 아시아 민족음악순례　　　　　藤井知昭 / 沈雨晟　　　　　　　　5,000원
21 華夏美學　　　　　　　　　　李澤厚 / 權 瑚　　　　　　　　　15,000원
22 道　　　　　　　　　　　　　張立文 / 權 瑚　　　　　　　　　18,000원
23 朝鮮의 占卜과 豫言　　　　　村山智順 / 金禧慶　　　　　　　　15,000원
24 원시미술　　　　　　　　　　L. 아담 / 金仁煥　　　　　　　　16,000원
25 朝鮮民俗誌　　　　　　　　　秋葉隆 / 沈雨晟　　　　　　　　　12,000원
26 神話의 이미지　　　　　　　　J. 캠벨 / 扈承喜　　　　　　　　근간
27 原始佛敎　　　　　　　　　　中村元 / 鄭泰爀　　　　　　　　　8,000원
28 朝鮮女俗考　　　　　　　　　李能和 / 金尙憶　　　　　　　　　24,000원
29 朝鮮解語花史(조선기생사)　　李能和 / 李在崑　　　　　　　　25,000원
30 조선창극사　　　　　　　　　鄭魯湜　　　　　　　　　　　　　7,000원
31 동양회화미학　　　　　　　　崔炳植　　　　　　　　　　　　　9,000원
32 性과 결혼의 민족학　　　　　和田正平 / 沈雨晟　　　　　　　　9,000원
33 農漁俗談辭典　　　　　　　　宋在璇　　　　　　　　　　　　　12,000원
34 朝鮮의 鬼神　　　　　　　　　村山智順 / 金禧慶　　　　　　　　12,000원
35 道敎와 中國文化　　　　　　　葛兆光 / 沈揆昊　　　　　　　　　15,000원

36	禪宗과 中國文化	葛兆光 / 鄭相泓・任炳權	8,000원
37	오페라의 역사	L. 오레이 / 류연희	절판
38	인도종교미술	A. 무케르지 / 崔炳植	14,000원
39	힌두교의 그림언어	안넬리제 外 / 全在星	9,000원
40	중국고대사회	許進雄 / 洪 熹	22,000원
41	중국문화개론	李宗桂 / 李宰碩	15,000원
42	龍鳳文化源流	王大有 / 林東錫	25,000원
43	甲骨學通論	王宇信 / 李宰碩	근간
44	朝鮮巫俗考	李能和 / 李在崑	20,000원
45	미술과 페미니즘	N. 부루드 外 / 扈承喜	9,000원
46	아프리카미술	P. 윌레뜨 / 崔炳植	절판
47	美의 歷程	李澤厚 / 尹壽榮	22,000원
48	曼茶羅의 神들	立川武藏 / 金龜山	19,000원
49	朝鮮歲時記	洪錫謨 外/李錫浩	30,000원
50	하 상	蘇曉康 外 / 洪 熹	절판
51	武藝圖譜通志 實技解題	正 祖 / 沈雨晟・金光錫	15,000원
52	古文字學첫걸음	李學勤 / 河永三	14,000원
53	體育美學	胡小明 / 閔永淑	10,000원
54	아시아 美術의 再發見	崔炳植	9,000원
55	曆과 占의 科學	永田久 / 沈雨晟	8,000원
56	中國小學史	胡奇光 / 李宰碩	20,000원
57	中國甲骨學史	吳浩坤 外 / 梁東淑	35,000원
58	꿈의 철학	劉文英 / 河永三	22,000원
59	女神들의 인도	立川武藏 / 金龜山	19,000원
60	性의 역사	J. L. 플랑드렝 / 편집부	18,000원
61	쉬르섹슈얼리티	W. 챠드윅 / 편집부	10,000원
62	여성속담사전	宋在璇	18,000원
63	박재서희곡선	朴栽緒	10,000원
64	東北民族源流	孫進己 / 林東錫	13,000원
65	朝鮮巫俗의 硏究(상・하)	赤松智城・秋葉隆 / 沈雨晟	28,000원
66	中國文學 속의 孤獨感	斯波六郎 / 尹壽榮	8,000원
67	한국사회주의 연극운동사	李康列	8,000원
68	스포츠인류학	K. 블랑챠드 外 / 박기동 外	12,000원
69	리조복식도감	리팔찬	절판
70	娼 婦	A. 꼬르벵 / 李宗旼	22,000원
71	조선민요연구	高晶玉	30,000원
72	楚文化史	張正明 / 南宗鎭	26,000원
73	시간, 욕망, 그리고 공포	A. 코르뱅 / 변기찬	18,000원
74	本國劍	金光錫	40,000원
75	노트와 반노트	E. 이오네스코 / 박형섭	절판
76	朝鮮美術史硏究	尹喜淳	7,000원
77	拳法要訣	金光錫	20,000원

78 艸衣選集	艸衣意恂 / 林鍾旭	14,000원
79 漢語音韻學講義	董少文 / 林東錫	10,000원
80 이오네스코 연극미학	C. 위베르 / 박형섭	9,000원
81 중국문자훈고학사전	全廣鎭 편역	15,000원
82 상말속담사전	宋在璇	10,000원
83 書法論叢	沈尹默 / 郭魯鳳	8,000원
84 침실의 문화사	P. 디비 / 편집부	9,000원
85 禮의 精神	柳 肅 / 洪 熹	20,000원
86 조선공예개관	沈雨晟 편역	30,000원
87 性愛의 社會史	J. 솔레 / 李宗旼	18,000원
88 러시아미술사	A. I 조토프 / 이건수	22,000원
89 中國書藝論文選	郭魯鳳 選譯	25,000원
90 朝鮮美術史	關野貞 / 沈雨晟	근간
91 美術版 탄트라	P. 로슨 / 편집부	8,000원
92 군달리니	A. 무케르지 / 편집부	9,000원
93 카마수트라	바짜야나 / 鄭泰爀	10,000원
94 중국언어학총론	J. 노먼 / 全廣鎭	18,000원
95 運氣學說	任應秋 / 李宰碩	8,000원
96 동물속담사전	宋在璇	20,000원
97 자본주의의 아비투스	P. 부르디외 / 최종철	6,000원
98 宗敎學入門	F. 막스 뮐러 / 金龜山	10,000원
99 변 화	P. 바츨라빅크 外 / 박인철	10,000원
100 우리나라 민속놀이	沈雨晟	15,000원
101 歌訣(중국역대명언경구집)	李宰碩 편역	20,000원
102 아니마와 아니무스	A. 융 / 박해순	8,000원
103 나, 너, 우리	L. 이리가라이 / 박정오	12,000원
104 베케트연극론	M. 푸크레 / 박형섭	8,000원
105 포르노그래피	A. 드워킨 / 유혜련	12,000원
106 셸 링	M. 하이데거 / 최상욱	12,000원
107 프랑수아 비용	宋 勉	18,000원
108 중국서예 80제	郭魯鳳 편역	16,000원
109 性과 미디어	W. B. 키 / 박해순	12,000원
110 中國正史朝鮮列國傳(전2권)	金聲九 편역	120,000원
111 질병의 기원	T. 매큐언 / 서 일 · 박종연	12,000원
112 과학과 젠더	E. F. 켈러 / 민경숙 · 이현주	10,000원
113 물질문명 · 경제 · 자본주의	F. 브로델 / 이문숙 外	절판
114 이탈리아인 태고의 지혜	G. 비코 / 李源斗	8,000원
115 中國武俠史	陳 山 / 姜鳳求	18,000원
116 공포의 권력	J. 크리스테바 / 서민원	23,000원
117 주색잡기속담사전	宋在璇	15,000원
118 죽음 앞에 선 인간(상 · 하)	P. 아리에스 / 劉仙子	각권 8,000원
119 철학에 대하여	L. 알튀세르 / 서관모 · 백승욱	12,000원

120	다른 곳	J. 데리다 / 김다은 · 이혜지	10,000원
121	문학비평방법론	D. 베르제 外 / 민혜숙	12,000원
122	자기의 테크놀로지	M. 푸코 / 이희원	16,000원
123	새로운 학문	G. 비코 / 李源斗	22,000원
124	천재와 광기	P. 브르노 / 김웅권	13,000원
125	중국은사문화	馬 華 · 陳正宏 / 강경범 · 천현경	12,000원
126	푸코와 페미니즘	C. 라마자노글루 外 / 최 영 外	16,000원
127	역사주의	P. 해밀턴 / 임옥희	12,000원
128	中國書藝美學	宋 民 / 郭魯鳳	16,000원
129	죽음의 역사	P. 아리에스 / 이종민	18,000원
130	돈속담사전	宋在璇 편	15,000원
131	동양극장과 연극인들	김영무	15,000원
132	生育神과 性巫術	宋兆麟 / 洪 熹	20,000원
133	미학의 핵심	M. M. 이턴 / 유호전	14,000원
134	전사와 농민	J. 뒤비 / 최생열	18,000원
135	여성의 상태	N. 에니크 / 서민원	22,000원
136	중세의 지식인들	J. 르 고프 / 최애리	18,000원
137	구조주의의 역사(전4권)	F. 도스 / 이봉지 外	각권 13,000원
138	글쓰기의 문제해결전략	L. 플라워 / 원진숙 · 황정현	20,000원
139	음식속담사전	宋在璇 편	16,000원
140	고전수필개론	權 瑚	16,000원
141	예술의 규칙	P. 부르디외 / 하태환	23,000원
142	"사회를 보호해야 한다"	M. 푸코 / 박정자	20,000원
143	페미니즘사전	L. 터틀 / 호승희 · 유혜련	26,000원
144	여성심벌사전	B. G. 워커 / 정소영	근간
145	모데르니테 모데르니테	H. 메쇼닉 / 김다은	20,000원
146	눈물의 역사	A. 벵상뷔포 / 이자경	18,000원
147	모더니티입문	H. 르페브르 / 이종민	24,000원
148	재생산	P. 부르디외 / 이상호	18,000원
149	종교철학의 핵심	W. J. 웨인라이트 / 김희수	18,000원
150	기호와 몽상	A. 시몽 / 박형섭	22,000원
151	융분석비평사전	A. 새뮤얼 外 / 민혜숙	16,000원
152	운보 김기창 예술론연구	최병식	14,000원
153	시적 언어의 혁명	J. 크리스테바 / 김인환	20,000원
154	예술의 위기	Y. 미쇼 / 하태환	15,000원
155	프랑스사회사	G. 뒤프 / 박 단	16,000원
156	중국문예심리학사	劉偉林 / 沈揆昊	30,000원
157	무지카 프라티카	M. 캐넌 / 김혜중	25,000원
158	불교산책	鄭泰爀	20,000원
159	인간과 죽음	E. 모랭 / 김명숙	23,000원
160	地中海(전5권)	F. 브로델 / 李宗旼	근간
161	漢語文字學史	黃德實 · 陳秉新 / 河永三	24,000원

204 고대세계의 정치　　　　　　M. I. 포리 / 최생열　　　　　　　　　　근간
205 카프카의 고독　　　　　　　M. 로베르 / 이창실　　　　　　　　　　근간
206 문화 학습 — 실천적 입문서　　J. 자일즈 · T. 미들턴 / 장성희　　　　근간
207 호모 아카데미쿠스　　　　　P. 부르디외 / 임기대　　　　　　　　　근간
208 朝鮮槍棒敎程　　　　　　　金光錫　　　　　　　　　　　　　　40,000원
209 자유의 순간　　　　　　　　P. M. 코헨 / 최하영　　　　　　　　　근간
210 밀교의 세계　　　　　　　　鄭泰爀　　　　　　　　　　　　　　　근간
211 토탈 스크린　　　　　　　　J. 보드리야르 / 배영달　　　　　　19,000원

【기 타】

■ 모드의 체계　　　　　　　　R. 바르트 / 이화여대기호학연구소　18,000원
■ 텍스트의 즐거움　　　　　　R. 바르트 / 김희영　　　　　　　　15,000원
■ 라신에 관하여　　　　　　　R. 바르트 / 남수인　　　　　　　　10,000원
■ 說　苑 (上 · 下)　　　　　　林東錫 譯註　　　　　　　　　각권 30,000원
■ 晏子春秋　　　　　　　　　　林東錫 譯註　　　　　　　　　　　30,000원
■ 西京雜記　　　　　　　　　　林東錫 譯註　　　　　　　　　　　20,000원
■ 搜神記 (上 · 下)　　　　　　林東錫 譯註　　　　　　　　　各권 30,000원
■ 경제적 공포[메디시스賞 수상작]　V. 포레스테 / 김주경　　　　　7,000원
■ 古陶文字徵　　　　　　　　　高　明 · 葛英會　　　　　　　　　20,000원
■ 古文字類編　　　　　　　　　高　明　　　　　　　　　　　　　　절판
■ 金文編　　　　　　　　　　　容　庚　　　　　　　　　　　　36,000원
■ 고독하지 않은 홀로되기　　　P. 들레름 · M. 들레름 / 박정오　　8,000원
■ 그리하여 어느날 사랑이여　　이외수 편　　　　　　　　　　　　6,500원
■ 딸에게 들려 주는 작은 지혜　N. 레흐레이트너 / 양영란　　　　6,500원
■ 노력을 대신하는 것은 없다　R. 쉬이 / 유혜련　　　　　　　　　5,000원
■ 미래를 원한다　　　　　　　J. D. 로스네 / 문　선 · 김덕희　　8,500원
■ 사랑의 존재　　　　　　　　한용운　　　　　　　　　　　　　　3,000원
■ 산이 높으면 마땅히 우러러볼 일이다　　　　유　향 / 임동석　5,000원
■ 서기 1000년과 서기 2000년 그 두려움의 흔적들　J. 뒤비 / 양영란　8,000원
■ 서비스는 유행을 타지 않는다　B. 바게트 / 정소영　　　　　　5,000원
■ 선종이야기　　　　　　　　　홍　희 편저　　　　　　　　　　8,000원
■ 섬으로 흐르는 역사　　　　　김영희　　　　　　　　　　　　10,000원
■ 세계사상　　　　　　　　　창간호~3호: 각권 10,000원 / 4호: 14,000원
■ 십이속상도안집　　　　　　　편집부　　　　　　　　　　　　　8,000원
■ 어린이 수묵화의 첫걸음(전6권)　趙　陽 / 편집부　　　　　　各권 5,000원
■ 오늘 다 못다한 말은　　　　이외수 편　　　　　　　　　　　　7,000원
■ 오블라디 오블라다, 인생은 브래지어 위를 흐른다　무라카미 하루키 / 김난주　7,000원
■ 인생은 앞유리를 통해서 보라　B. 바게트 / 박해순　　　　　　5,000원
■ 잠수복과 나비　　　　　　　J. D. 보비 / 양영란　　　　　　　6,000원
■ 천연기념물이 된 바보　　　　최병식　　　　　　　　　　　　　7,800원
■ 原本 武藝圖譜通志　　　　　正祖 命撰　　　　　　　　　　　60,000원
■ 隷字編　　　　　　　　　　　洪鈞陶　　　　　　　　　　　　40,000원

■ 테오의 여행 (전5권)	C. 클레망 / 양영란	각권 6,000원
■ 한글 설원 (상·중·하)	임동석 옮김	각권 7,000원
■ 한글 안자춘추	임동석 옮김	8,000원
■ 한글 수신기 (상·하)	임동석 옮김	각권 8,000원

【이외수 작품집】

■ 겨울나기	창작소설	7,000원
■ 그대에게 던지는 사랑의 그물	에세이	7,000원
■ 꿈꾸는 식물	장편소설	7,000원
■ 내 잠 속에 비 내리는데	에세이	7,000원
■ 들 개	장편소설	7,000원
■ 말더듬이의 겨울수첩	에스프리모음집	7,000원
■ 벽오금학도	장편소설	7,000원
■ 장수하늘소	창작소설	7,000원
■ 칼	장편소설	7,000원
■ 풀꽃 술잔 나비	서정시집	4,000원
■ 황금비늘 (1·2)	장편소설	각권 7,000원

【조병화 작품집】

■ 공존의 이유	제11시점	5,000원
■ 그리운 사람이 있다는 것은	제45시집	5,000원
■ 길	애송시모음집	10,000원
■ 개구리의 명상	제40시집	3,000원
■ 꿈	고희기념자선시집	10,000원
■ 따뜻한 슬픔	제49시집	5,000원
■ 버리고 싶은 유산	제 1시집	3,000원
■ 사랑의 노숙	애송시집	4,000원
■ 사랑의 여백	애송시화집	5,000원
■ 사랑이 가기 전에	제 5시집	4,000원
■ 남은 세월의 이삭	제 52시집	6,000원
■ 시와 그림	애장본시화집	30,000원
■ 아내의 방	제44시집	4,000원
■ 잠 잃은 밤에	제39시집	3,400원
■ 패각의 침실	제 3시집	3,000원
■ 하루만의 위안	제 2시집	3,000원

東文選 現代新書 9

텔레비전에 대하여

피에르 부르디외

현택수 옮김

텔레비전으로 방송된 이 두 개의 콜레주 드 프랑스에서의 강의는 명쾌하고 종합적인 형태로 텔레비전 분석을 소개하고 있다. 첫 번째 강의는 텔레비전이라는 작은 화면에 가해지는 보이지 않는 검열의 메커니즘을 보여 주고, 텔레비전의 영상과 담론의 인위적 구조를 만드는 비밀들을 보여 주고 있다. 두번째 강의는 저널리즘계의 영상과 담론을 지배하고 있는 텔레비전이 어떻게 서로 다른 영역인 예술·문학·철학·정치·과학의 기능을 깊게 변화시키는지를 설명하고 있다. 이러한 현상은 시청률의 논리를 도입하여 상업성과 대중 선동적 여론의 요구에 복종한 결과이다.

이 책은 프랑스에서 출판되자마자 논쟁거리가 되면서, 1년도 채 안 되어 10만 부 이상 팔려 나가 베스트셀러 리스트에 오르고, 세계 각국에서 번역되어 읽혀지고 있는 피에르 부르디외의 최근 대표작 중 하나이다. 인문사회과학 서적으로서 보기 드문 이같은 성공은, 프랑스 및 세계 주요국의 지적 풍토를 말해 주고 있다. 이처럼 이 책이 독자 대중의 폭발적인 반응과 기자 및 지식인들의 지속적인 반향을 불러일으키는 이유는, 세계적으로 잘 알려진 그의 학자적·사회적 명성 때문이기도 하지만 무엇보다도 언론계 기자·지식인·교양 대중들 모두가 관심을 가질 만한 논쟁적인 내용을 담고 있기 때문이다.

東文選 現代新書 80

무관심의 절정

장 보드리야르

이은민 옮김

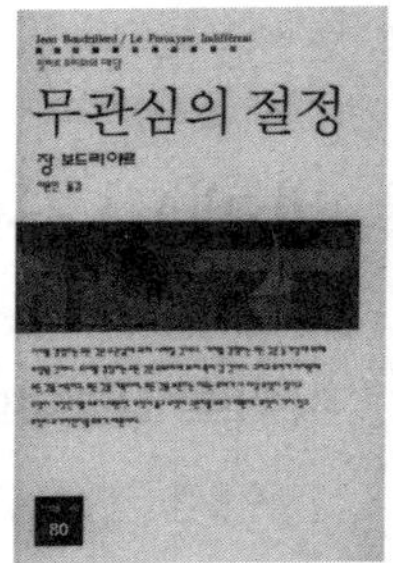

현재 프랑스를 대표하는 철학자 중의 한 사람인 장 보드리야르와 철학 박사이자 기자인 필리프 프티와의 대담.

차이를 경험하는 모든 것은 무관심에 의해 사라질 것이다. 가치를 경험하는 모든 것은 등가성에 의해 소멸될 것이다. 의미를 경험하는 모든 것은 무의미에 의해 죽어 갈 것이다. 그리고 우리가 마지못해 모든 것을 비축하고, 모든 것을 기록하며, 모든 것을 보존하는 이유는 우리가 더이상 무엇이 참이고 무엇이 거짓인지를 모르기 때문에, 무엇이 옳고 무엇이 그른지 모르기 때문에, 무엇이 가치 있고 무엇이 무가치한지를 모르기 때문이다.

우리는 가치들의 변화를 변모와 교체했고, 가치들의 상호적 변모에 가치들 서로에 대한 무관심과 혼돈, 어떤 점에서는 이 가치들의 변이적 가치 하락과 교체했다. 가장 나쁜 것이 이 모든 가치들을 재평가하는, 그리고 이 가치들의 무관심한 변환을 재평가하는 현대의 상황이다. 가치들의 감염을 유발하는 지나친 기능성에 의한 유용성과 무용성의 구분 자체는 더 이상 제기될 수 없다——이것이 용도라는 가치의 종말이다. 진실은 진실보다 더한 진실 속에서, 진실한 것이 되기에는 너무나 지나친 진실 속에서 소멸된다——이것이 위장의 지배이다. 거짓은 거짓이 되기에는 너무나 지나친 거짓 속에 흡수된다——이것이 미학적 환상의 종말이다. 그리고 악의 파괴는 선의 파괴보다 훨씬 고통스럽고, 거짓의 파괴는 진실의 파괴보다 훨씬 더 고통스럽다.

프랑스 [메디치賞] 수상

경제적 공포

비비안느 포레스테[지음]

김주경[옮김]

"우리의 일자리를 가로채 놓고, 그것도 모자라 부끄러운 줄도 모르고 감히 임금 인상까지 요구하다니 !"

아직 일자리를 갖고 있는 사람, 비록 봉급은 얼마 안 되지만 그래도 실직당하지 않고 일하러 다니는 사람을 보면, 〈제거된 지방질〉은 그를 일종의 특혜자로 여긴다. 남의 이익을 가로챈 자가 바로 그 자라고 여기는 것이다. 진짜 특권자들이 한껏 누리고 있는 특혜는 단 한번도 문제삼아 본 일이 없으면서 !

피도 눈물도 없이 냉정하게 퍼져가고 있는 불안감 속에서 떨고 있는 자들 중, 극히 미미한 숫자의 사람들만이 싸구려 일감을 차지하는 혜택을 입게 될 것이다. 그렇다고 해서 그들이 빈곤으로부터 벗어날 수 있는 것은 아니다. 그리고 그외의 사람들은 여전히 모욕감과 박탈감, 그리고 위기감을 동반하는 불안감에 떨고 있게 된다. 어떤 삶은 그 불안감 때문에 단축되기도 할 것이다.

- 착취당할 기회조차 없는 〈쓸모없는 잉여존재〉들.
- 노동의 부재는 神이 내린 은총?
- 〈살아갈 권리〉를 갖기 위해서는 〈살아남을 자격〉이 필요한가?
- 〈추방된 자〉에서 〈배제된 자〉로, 그리고 〈제거된 자〉로.
- 수익성을 올리는 데 이용할 가치가 없는 자들의 삶이 과연 우리 사회에 〈유용〉할까?
- 〈착취〉 〈투쟁〉 〈계층〉…. 아직도 이런 촌스러운 어휘를 사용하고 있다니!
- 해결책이 없을 수도 있다.
- 신조어 〈고용될 수 있는 능력〉, 〈그럴 듯한 보장〉의 허구성.
- 머지않아 다시 흡수할 것이라고 한없이 되풀이되는 헛된 약속을 믿고 싶어하는 이유.

東文選 現代新書 31

프랑스 대학입학자격시험 대비 주제별 논술

노동, 교환, 기술

베아트리스 데코사

신은영 옮김

　만일 철학이 우리 생활의 기쁨뿐만 아니라, 빈곤과 피곤의 무게를 감당할 수 없다면, 실상 이 철학은 단 한 시간의 노력을 기울일 만한 가치도 없을 것이다. 철학자가 별이 점점이 박힌 모자를 쓴 약장수는 아니지만, 또한 철학자도 추워서 빵 굽는 오븐 곁에 몸을 녹이는 사람이지만, 그는 사유에 의거해 무엇인가 신선한 것, 즉 노동의 진리와 교환의 진리, 기술의 진리 같은 진리를 발현시키는 것으로 자신의 긍지를 삼을 수 있을 것이다.

　노동은 권리인가, 아니면 구속인가? 노동에 의한 소외와 실업에 의한 소외 사이의 절충점을 생각해 볼 수 있을 것인가?

　임금을 지급함으로써 노동의 산물을 얻어내고, 또 그렇게 받은 임금을 주고 그 노동의 산물을 얻는 식으로 해서, 교환의 고리는 부조리한 방식으로 끊임없이 재형성되고 있는 것 같다. 사회를 재화의 유통으로 환원시킬 수 있을 것인가? 인간은 기술에 의해 구원을 얻을 것인가?

　베아트리스 데코사는 이 책에서 이같은 사회적 현실에 대해 간결하고도 엄정한 질문을 던지고 있다. 그것이 논술 형태로 다루어져 있는 바, 고등학교 3학년 학생들은 여기서 자신의 사고를 자극할 만한 무언가를 찾을 수 있을 것이다.

東文選 現代新書 2

의지, 의무, 자유

루이 밀레

이대희 옮김

　자유 속에서의 우리의 의지는 선의 완성 속에 고정되어 있지 않기 때문에, 우리 존재의 근본적인 법칙은 의무의 형태를 취한다. 그러므로 우리의 운명은 끊임없이 원하는 바에 따라서 선택하는 것이다. 우리는 어떤 의미에서는 항상 '가능태'이다. 다시 말하자면 우리는 다른 사람과 함께, 다른 사람 덕분에, 그리고 다른 사람을 위해 현재화하기 위해 산다. 그 어떤 것도 고독하지 않을 뿐만 아니라, 그 어떤 것도 확정적이지 않다.

　육체의 자유로운 처분과 자본의 자유로운 순환. 자유결혼과 자유교역, 여성해방과 해방신학…… 경제에서 도덕에 이르기까지 근대성은 자유를 요구한다. 그런데 그것은 공기처럼 자유로운 것을 말하는가, 또는 자유낙하할 때처럼 자유로운 것을 말하는가? 나는 자유롭다고 착각하고 있는가? 혹은 참으로 자유로운가? 혼자 자유로운가, 아니면 다른 사람과 함께 자유로운가? 그리고 의무는 또 어떻게 할 것인가?

　자, 이제 분명하고 엄격하게, 그리고 깊이 생각해 볼 때가 되었다. 이것이 이 책의 목적이다. 이 책은 자유와, 자유에 필연적으로 뒤따르는 개념인 의무와 의지에 관해 비켜갈 수 없는 아홉 개의 주제를 정확하게 다루고 있다.

　본서는 프랑스대학연합출판사에서 펴낸, 고교 최종학년의 대학입학자격시험 논술 과목 마지막 정리를 위한 텍스트이다.

東文選 現代新書 14

사랑의 지혜

알랭 핑켈크로트

권유현 옮김

수많은 말들 중에서 주는 행위와 받는 행위, 자비와 탐욕, 자선과 소유욕을 동시에 의미하는 낱말이 하나 있다. 사랑이라는 말이다. 그러나 누가 아직도 무사무욕을 믿고 있는가? 누가 무상의 행위를 진짜로 존재한다고 생각하는가? '근대'의 동이 터오면서부터 도덕을 논하는 모든 계파들은 어느것을 막론하고 무상은 탐욕에서, 또 숭고한 행위는 획득하고 싶은 욕망에서 유래한다는 설명을 하고 있다.

이 책에서 묘사하는 사랑의 이야기는 타자와 나 사이의 불공평에서 출발한다. 즉 사랑이란 타자가 언제나 나보다 우위에 놓이는 것이며, 끊임없이 나에게서 도망가는 타자로부터 나는 도망가지 못하는 것이다. 그리고 사랑의 지혜란 이 알 수 없고 환원되지 않는 타자의 얼굴에 다가가기 위해 애쓰는 것이다. 저자는 이 책에서 남녀간의 사랑의 감정에서 출발하여 타자의 존재론적인 문제로, 이어서 근대사의 비극으로 그의 철학적 성찰을 이끌어 가기 때문이다. 그러나 우리가 이웃에 대한 사랑을 이상적인 영역으로 내쫓는다고 해서, 현실을 더 잘 생각한다는 법은 없다. 오히려 우리는 타인과의 원초적 관계를 이해하기 위해서, 또 그것에서 출발하여 사랑의 감정뿐 아니라 다른 사람에 대한 미움의 감정까지도 이해하기 위해서, 유행에 뒤진 이 개념, 소유의 이야기와는 또 다른 이야기를 필요로 할 수 있다.

알랭 핑켈크로트는 엠마뉘엘 레비나스의 작품에 영향을 받아서 근대가 겪은 엄청난 집단 체험과 각 개인이 살아가면서 맺는 '타자'와의 관계에 대해서 계속해서 질문을 던진다. 이것은 철학임에 틀림없다. 그렇기는 하지만 구체적인 인물에 의해 이야기로 꾸민 철학이다. 이 책은 인간에 대한 인식의 수단으로 플로베르·제임스, 특히 프루스트를 다루며, 이들의 현존하는 문학작품에 의해 철학을 이야기로 꾸며 나간다.

東文選 現代新書 100

철학적 기본 개념

라파엘 페르버

조국현 옮김

　우리는 모두 철학을 가지고 있다. 철학의 싹이 우리 속에 있기 때문에 우리는 철학을 할 수 있다. 물론 보편 정신의 철학은 발전되지 못했을 뿐만 아니라 때때로 잘못되어 있다. 이러한 사실을 놓고 볼 때 철학 외적인 입장이 아닌 철학적 입장에서 철학을 교정할 수 있다는 점이 중요하다. 우리는 철학을 밖에서 바라보기 위해 철학 밖으로 나갈 수 없다. 마찬가지로 우리 일상철학의 옳고 그름을 판단할 수 있는 척도를 제시할 특정한 관점을 얻으려고 철학 밖으로 나갈 수도 없다. 보편 정신은 오히려 스스로 이러한 척도를 세워야 하며, 자가 교정을 위한 요소들을 자신으로부터 찾아내야 한다. 여기에 딱 들어맞는 말이 있다. 언어에 대해서 말하기 위한 언어 밖의 관점이 존재하지 않는 것처럼 철학에 대해서 철학하기 위한 철학 밖의 관점이 존재하지 않는다. 철학 밖에 철학적 입장이 존재하지 않는다는 점에서 철학하기의 필연성이 도출된다. 아리스토텔레스는 다음과 같은 딜레마를 통해 철학하기의 필연성을 역설한다. 철학을 할 필요가 없다는 것을 증명하려면 철학을 해야 한다. 따라서 인간은 어떤 경우에도 철학을 해야 한다.

　이 책은 철학을 공부하는 학생과 철학에 흥미를 느끼는 일반인을 위한 작은 사고력 훈련 학교이다. 저자는 철학적 기본 개념인 '철학' '언어' '인식' '진리' '존재' 그리고 '선'의 세계로 독자를 안내한다. 저자는 철학의 내용·방법 그리고 철학적 요구의 문제에 대해서 알기 쉬우면서도 수준 높게 접근한다. 이 책은 철학 입문서이며, 동시에 새로운 관점에서 플라톤 철학과 분석 철학을 결합시키려고 시도하는 저자의 체계적인 사고 과정을 보여 준다.

東文選 現代新書 16

딸에게 들려 주는 작은 철학

롤란트 시몬 셰퍼

안상원 옮김

★독일 청소년 저작상 수상(97)
★청소년을 위한 좋은 책(99, 한국간행물윤리위원회)

작은 철학이 큰사람을 만든다. 아이들과 철학을 이야기하는 것이 요즘 유행처럼 되었다. 아이들에게 철학을 감추지 않는 것, 그것은 분명히 옳은 일이다. 세계에 대한 어른들의 질문이나 아이들의 질문들은 종종 큰 차이가 없으며, 철학은 여기에 답을 줄 수 있다. 이 작은 책은 신중하고 재미있게, 그러면서도 주도면밀하게 철학의 질문들에 대답해 준다.

이 책의 저자 시몬 셰퍼 교수는 독일의 원로 철학자이다. 그가 원숙한 나이에 철학에 대한 깊은 이해를 가지고 자신의 딸이거나 손녀로 가정되고 있는 베레니케에게 대화하듯 철학 이야기를 들려 주고 있다. 만약 그 어려운 수수께끼를 설명한다면 어떻게 할 것인가를 모형적으로 제시하고 있다.

철학은 우리의 구체적인 삶과 멀리 떨어져 있는 삶이 아니다. 우리가 사용하고 있는 말이란 무엇이며, 안다는 것은 무엇인가. 세계와 자연, 사회와 도덕적 질서, 신과 인간의 의미는 무엇인가 등 철학적 사유의 본질적 테마들로 모두 아홉 개의 장으로 나누어 이야기하고 있다. 쉽게 서술되었지만 내용은 무게를 가지고 있어서 중·고등학생뿐만 아니라 대학생과 성인들에게 철학에 대한 평이한 길라잡이가 될 것이다.

東文選 現代新書 42

진보의 미래

도미니크 르쿠르

김영선 옮김

과거를 조명하지 않고는 진보 사상에 대한 미래를 예견할 수 없다. 진보라는 단어의 현대적 의미가 만들어진 것은 17세기 베이컨과 더불어였다. 이 진보주의 학설은 당시 움직이는 신화가 되었으며, 공산주의자들이 그것을 계승한 20세기까지 그러하였다. 저자는 진보주의 학설이 발생시킨 '정치적' 표류만큼이나 '과학적' 표류를 징계하며, 미래의 윤리학으로 이해된 진보에 대한 요구에 새로운 정의를 주장한다.

발달과 성장이라는 것은 복지와 사회적 화합에서 비롯된 두 가지 양식인가? 단연코 그렇지 않다. 작가는 비관주의에 빠지지 않으면서도 다소 어두운 시대적 도표를 작성한다. 생활윤리학·농업·환경론 및 새로운 통신 기술이 여기서는 비판적이면서도 개방적인 관점에서 언급된다.

과학과 기술을 혼동함에 따라 사람들은 무엇에 대해 말하고 있는지 더 이상 알지 못한다. 정치 분야와 도덕의 영역을 혼동함에 따라 무엇을 생각해야 할지 또한 더 이상 알지 못한다. 작가는 철학의 새로운 평가에 대해 옹호하고, 그래서 그는 미덕의 가장 근본인 용기를 주장한다. 그가 이 책에서 증명하기를 바라는 것은 두려움의 윤리에 대항하며, 방법을 아는 조건하에서는 모든 사람이 철학을 할 수 있다는 점인 것이다.

東文選 現代新書 98

미국식 사회 모델

쥐스탱 바이스

김종명 옮김

미국 (똑)바로 알기! 미국은 이제 단지 전세계의 모델이 아니다. 미국은 이미 세계 그 자체이다. 현재와 같은 군사적·문화적·경제적 반식민 상태에서 우리가 미국을 제대로 바라볼 수 있을까? 우리는 미국을 얼마나 알고 있으며, 또 한국과 미국의 비교는 가능한가? 한편으로는 대북 문제에서부터 금메달 및 개고기 문제에 이르기까지, 다른 한편으로는 병역기피성 미국시민권 취득에서부터 미국 가서 아이낳기 붐에 이르기까지, 사사건건 구겨진 자존심에 감정적으로 대응해서야 어찌 미국을 제대로 알 수 있겠는가.

본서는 구소련의 붕괴 이후 자유주의 모델의 국가들 중에서 다른 어떤 나라들보다도 더 보편성을 추구하였고, 그래서 전인류에게 모범이 될 만한 사회·정치를 포괄하는 하나의 체계, 즉 완비된 모델을 제시하려고 노력하는 미국과 프랑스를 비교·분석하고 있다.

유럽의 계몽주의에 뿌리를 둔 미국과 프랑스의 보편주의는 미국과 구소련 사이의 대립 앞에서 오랫동안 인식되지 못했으나, 냉전이 끝난 오늘날에는 이 둘의 차이가 새삼스레 부각되고 있다. 한때 그 역사적 몰락이 예고되었다고 믿었던 미국의 힘이 1980년대말 이래로 전세계에 그 광휘를 드러내고 있으며, 이전의 그 어느때보다도 더욱 전세계에 그들의 행동 양식과 경제에 대한 가르침을 주려는 기세이다. 이와 달리 연합된 유럽을 대표하는 프랑스식 모델은 거의 배타적으로 영향력을 행사하는 미국식 모델 때문에 점점 외부로의 영향력을 상실하고 있고, 내적으로도 그 정체성을 잃어가고 있다.

바로 이런 시점에서 본서는 유럽의 견유주의를 대표하는 프랑스식 모델과 윌슨주의를 표방하는 미국식 모델이 정치적·경제적·사회적 측면에서 어떻게 다른지를 비교·분석해 주고 있다.

東文選 現代新書 40

윤리학

알랭 바디우

이종영 옮김

이 세계가 나에게 부과하는, 그리고 준수할 것을 요구하는 그러한 윤리가 아니라, 내가 이 세계에 맞서 싸우고자 할 때 지녀야 할 '나 자신의' 윤리란 어떠한 것일까? 그러나 이 세계가 나에게 부과하는 '윤리'가 과연 엄격한 의미에서의 윤리일 수 있을까?

이데올로기로서의 윤리에 대한 부정만으로는 충분치 않다. 이데올로기로서의 윤리에 맞서 싸우는 해방적 실천, 그 자체가 새로운 윤리학에 의해 지탱되어야만 하는 것이다. 여기서 새롭게 제시하고 있는 윤리는, 해방적 정치·학문·예술·애정에 있어서의 혁명적 투사들을 위한 윤리이다. '인권의 윤리'와 '차이의 윤리'를 비판하고 있는 이 책의 1장과 2장은 프랑스적 맥락에 위치하고 있다. 바디우는 이른바 '인권의 윤리'와 '차이의 윤리'를 제국주의 국가로서 프랑스의 위선과 결부짓고 있는 것이다.

존중받아야 하는 것은 각자의 개별성이지 문화적 또는 사회적 차이가 아니다. 그리고 각자의 개별성은 오로지 인간적 동일성이라는 보편성에 토대해서만 존중받을 수 있는 것이다. 보편성에 토대한 개별성에 대한 존중은 사회적·문화적으로 매개된 특수성과는 결단코 대립되는 것이다. 특수성은 항상 배제와 차별을 내포하고 있다. 그리고 프랑스에서의 '차이의 윤리'는 그러한 특수성에 일정하게 입각하고 있는 것이다.

東文選 現代新書 97

라캉, 주체 개념의 형성

베르트랑 오질비

김 석 옮김

정신과 의사였던 라캉은 자주 프로이트의 독자이자 계승자로서 소개된다. 철학적 논쟁보다는 과학적 작업에 더 가까운 사유를 하면서, 그는 하나의 이론적이고 실천적인 성과 위에서 출발하였고, 정신분석학의 창시자 프로이트의 작업을 따르면서도 자신의 발견에 의거해 개념들을 변환하고 수정하면서, 그 성과를 좀더 멀리 끌고 나갔던 것으로 여겨지기도 한다.

이 책은 라캉의 사상적 출발점과, 그의 정신분석 이론을 관통하고 있는 핵심 주제의 생성 과정을 철학적 맥락과 연결시켜 꼼꼼하게 분석하고 있다. 책의 제목이 암시하듯 주체 개념의 형성이 그것으로 우리는 저자와 함께 좀더 쉽게 청년 라캉이 자신만의 지적 문제 제기를 탐색하고 발전시켜 나가는 과정을 살펴볼수 있다. 흔히 라캉을 프로이트의 창조적 계승자나 독특한 관점으로 정신분석학을 개조하여 다른 인문학에 활용될 수 있는 토대를 마련해 준 인물 정도로 틀을 지우기도 한다.

본서는 라캉이 자신의 고유한 문제 제기를 출발시킨 이론적 지평과 사상사적 위치를 인격 개념을 중심으로 정신병의 구조를 분석한 그의 박사 논문에 초점을 두어 살펴보고 있다. 유명한 후기의 주체 구조 이론인 실재계 · 상징계 · 상상계나 은유와 환유같은 언어학적 차원에서 분석된 무의식에 대한 논의는 없지만, 저자 자신이 서문에서 밝힌 대로 초기의 작품은 후기 작품의 열쇠로 난해한 라캉 이론을 일관된 맥락에서 읽을 수 있는 길잡이로서 의미가 있다 하겠다.

東文選 現代新書 35

여성적 가치의 선택

포르셍 연구소

문신원 옮김

　여성적인 가치들은 어떤 것인가? 그 가치들은 남성적인 가치들의 평가절하를 의미하는가, 아니면 반대로 새로운 공유 가치체계의 도래를 의미하는가? 이 새로운 가치체계는 정치적인 태도를 심오하게 변형시킬 것인가? 남성적인 가치들이 강하게 침투해 있는 기업에서는 어떤 문화적 혁명을 겪게 될 것인가?

　여기에서 말하는 여성적 가치들이란 남자 혹은 여자라는 구체적인 개인들을 가리키는 것이 아니라 원리들, 사회적 혹은 개인적인 기능의 모델들과 구조들, 판단과 결정의 기준들, 우리가 '남성적인' 혹은 '여성적인'이라고 규정지을 수 있는 행동들과 행위들을 말하는 것이다.

　본서는 169년의 전통을 자랑하는 프랑스 유수의 커뮤니케이션 그룹인 아바스(Havas)의 포르셍 연구소에서 21세기를 대비해 펴낸 미래 예측보고서 중의 하나이다. 전세계 63개국에 걸친 연구원들의 활동을 바탕으로 현재 우리 사회에서 태동하여 미래에 결정적인 역할을 하게 될 사회학적 움직임들을 세계적인 차원에서 깊숙이 파악하고 있다.

　본서는 권력 행사, 기업 경영, 과학, 기술 마케팅, 커뮤니케이션에 관한 여성적 가치의 실제적 파급효과에 관한 매우 중요한 지표들을 제공하고 있어, 각계의 지도자들은 물론 방면의 종사자들에게 반드시 일독을 권할 만한 책이다.

東文選 現代新書 87

산다는 것의 의미 · 1
— 여분의 행복

피에르 쌍소 / 김주경 옮김

"삶을 어떻게 살아야 하는가?"라는 물음에 대한 해답찾기‼

　인생을 살 만큼 살아본 사람만이 이에 대한 대답을 할 수 있을 것이다. 영원한 것은 아무것도 없고, 변화 또한 피할 수 없다. 한 해의 시작을 앞둔 우리들에게 피에르 쌍소는 "인생이라는 다양한 길들에서 만나게 되는 예기치 않은 상황들을 대비할 수 있도록 도덕적 혹은 철학적인 성찰, 삶의 단편들, 끔찍한 가상의 이야기와 콩트, 이 세상에서 벌어지고 있는 참을 수 없는 일들에 대한 분노의 외침, 견디기 힘든 세상을 조금이라도 견딜 만하게 만들기 위한 사랑에의 호소 등등 여러 가지를 이 책 속에 집어넣어 보았다"는 소회를 전하고 있다. 노철학자의 삶에 대한 깊은 성찰이 고목의 나이테처럼 더없이 선명하게 다가온다.

　변화를 사랑하고, 기다릴 줄 알고, 바라보는 법을 배우고, 자기 자신에게 인내를 가질 수 있게 하는 이 책《산다는 것의 의미》는, 앞서의 두 권보다 문학적이며 읽는 재미 또한 뛰어나다. 죽어 있는 것 같은 시간들이 빈번히 인생에 가장 충만한 삶을 부여하듯 자신의 내부의 작은 목소리에 귀기울이게 하고, 그 소리를 신뢰케 만드는 것이 책의 장점이다.
　진정한 삶, 음미할 줄 아는 삶을 살고, 내심이 공허한 사람이 되지 않도록 우리의 약한 삶을 보호할 줄 알며, 그 삶을 사랑하게 만드는 것이 피에르 쌍소의 힘이다.

　이 책을 읽어 나가는 동안 우리는 의미 없이 번쩍거리기만 하는 싸구려 삶을 단호히 거부하고, 자기 자신에게로 돌아와 찬찬히 들여다볼 수 있는 시간을 갖게 될 것이다. 그리고 자신만의 희망적인 삶의 방법을 건져올릴 수 있을 것이다.